CB049033

# CHICO XAVIER
# O VOO DA GARÇA

**CATANDUVA, SP • 2024**

# CHICO XAVIER
# O VOO
# DA GARÇA

· · · · · · · · · · · · · · · · · · · · · ·

## JHON HARLEY

HÁ HOMENS QUE LUTAM
UM DIA. E SÃO BONS.
HÁ HOMENS QUE LUTAM
MUITOS DIAS. E SÃO
MELHORES. HÁ OS QUE
LUTAM ANOS. E SÃO
EXCELENTES. MAS HÁ
OS QUE LUTAM TODA
A VIDA. ESTES SÃO
IMPRESCINDÍVEIS.

**BERTHOLD BRECHT**

# DEDICATÓRIA

À minha esposa **RENATA** e aos meus filhos **GABRIEL**, **GUILHERME** e **GUSTAVO** pela oportunidade da convivência e aprendizado constante.

À minha mãe **ARLETE** pelas exemplificações diárias de perseverança na vida e fé em Deus.

Ao meu pai, **ZÉ DO CORREIO** (*in memoriam*), pela vontade de viver intensamente com ensinamentos que, infelizmente, só pude compreender depois da sua desencarnação.

A **CHICO XAVIER** (*in memoriam*), amigo e benfeitor, que demonstrou ser possível construir uma sociedade mais justa, mais fraterna e mais feliz.

# EM MEMÓRIA

De **ELIANA BAHIA MACHADO MOREI-RA**, filha de Zeca Machado, que no Grupo Espírita Scheilla em Pedro Leopoldo passei a admirar e a respeitar pela alegria contagiante, amor incondicional à doutrina espírita e, principalmente, pelo belíssimo trabalho social que desenvolveu em toda a sua vida.

De **ELISEU CARLOS MALAQUIAS (ZE-ZEU)**, ex-presidente do Grupo Espírita Scheilla em Pedro Leopoldo, pelos anos de esforço e exemplificação do Evangelho de Jesus e, principalmente, pela paciência em relação às minhas angústias, dúvidas e limitações.

De **MARIA ISABEL DOS SANTOS (LIA)** e de **IRACEMA RIBEIRO VIANA**, grandes amigas do coração. Suas vidas foram demonstrações diárias de fé em Deus e de vontade de viver sempre com esperança e alegria.

# AGRADECIMENTOS

A **CIDÁLIA XAVIER DE CARVALHO** (*in memoriam*), **SÉRGIO LUIZ FERREIRA GONÇALVES, HÉLCIO MARQUES** e **DINORÁ CÂNDIDA FABIANO**, amigos do coração. Vivemos momentos inesquecíveis com Chico Xavier, que permanecerão eternamente gravados em nossa memória espiritual.

A **GERALDO LEMOS NETO**, amigo e conhecedor da vida e da obra de Chico Xavier. Idealizador da Casa de Chico Xavier, um dos instituidores da Fundação Cultural Chico Xavier, em Pedro Leopoldo, e o maior incentivador para a elaboração desta obra.

A **HEIGORINA CUNHA** (*in memoriam*) e **ANA MARIA MACHADO BARBOSA (NANINHA)**, companheiras de caminhada, com as quais muito tenho aprendido com seus exemplos de fé, desprendimento e dedicação sem limites.

A **CARLOS ANTÔNIO BACCELLI**, amigo com quem tenho aprendido com sua dedicação ao ideal e sinceridade de propósitos. Incentivador desta obra e um dos instituidores da Fundação Cultural Chico Xavier na cidade de Pedro Leopoldo.

A **LEOPOLDO ZANARDI**, amigo que Chico Xavier colocou em meu caminho, enviando com muito desprendimento e-mails esclarecedores, livros, jornais, revistas e documentos importantes para esta pesquisa e para o acervo da Casa de Chico Xavier de Pedro Leopoldo.

Ao amigo e memorialista **GERALDO LEÃO DOS SANTOS**, idealizador e organizador do Museu da Imagem e do Som de Pedro Leopoldo, conhecido na cidade como seu maior "arquivo vivo" e que, com muito sacrifício, vem coletando e pesquisando informações sob a forma de entrevistas, fotos e livros sobre a cidade de Pedro Leopoldo, principalmente sobre Chico Xavier.

Ao escritor e poeta pedroleopoldense **JOSÉ ISSA FILHO** (*in memoriam*) pelas obras repletas de sabedoria e da humanidade de Chico Xavier, com palavras que me deixaram profundamente sensibilizado.

A todos os **COLABORADORES ANÔNIMOS** que, direta ou indiretamente, contribuíram para a construção deste livro.

# SUMÁRIO

## Ap
APRESENTAÇÃO  22

## In
INTRODUÇÃO  30

## 1
PEDRO LEOPOLDO E SUAS ORIGENS  40

## 2
O NOME  50

**3**

RUA DE SÃO SEBASTIÃO   76

**4**

GRUPO ESCOLAR
DE PEDRO LEOPOLDO   92

**5**

OCUPAÇÕES PROFISSIONAIS   114

**6**

CENTRO ESPÍRITA AMOR E LUZ   142

**7**

CENTRO ESPÍRITA LUIZ GONZAGA   156

**8**

GRUPO MEIMEI   212

**9**

O MÉDIUM CHICO XAVIER   224

**10**

A SAÍDA DE PEDRO LEOPOLDO   258

**11**

QUEM É CHICO XAVIER?   280

## B1
**REFERÊNCIAS BIBLIOGRÁFICAS  312**

## A1
**ÁRVORE GENEALÓGICA –
FAMÍLIA XAVIER  320**

## A2
**GALERIA DE FOTOS  324**

## S
**SITE CHICO E JHON  330**

# APRESENTAÇÃO

*Eu sou, apenas, o Chico, o Chico Xavier. Quem me conhece de longe pode pensar, talvez, que eu seja grande coisa. Pessoalmente, eu sou isso. Só isso que você está vendo. Nada mais que isso.*

**CHICO XAVIER**
[A Notícia. [S.l.]: 1958.]

*Foi uma época de encantamento no maravilhoso reino de Pedro Leopoldo.*

**JOSÉ ISSA FILHO**

*Se um dia um único homem atingir a mais elevada qualidade de amor, isso será suficiente para neutralizar o ódio de milhões.*

**GANDHI**

*Parafraseando Albert Einstein, ao se referir a Gandhi: "Futuras gerações dificilmente acreditarão que tenha passado pela Terra um homem como Chico Xavier."*

**JHON HARLEY**

# AMIGO LEITOR,[1]

## O POETA E HISTORIADOR PEDROLEOPOLDENSE JOSÉ

Issa Filho, transitando entre a realidade e a ficção, nos conta no livro intitulado *Coisas do reino de Pedro Leopoldo* 3 uma curiosa história narrada por três distintos personagens da nossa cidade, entre os quais se destaca Sá Tomásia, uma antiga benzedeira da região, de notável habilidade poética.[2] Segundo ela, na manhã do dia 2 de abril de 1910, data do nascimento de Chico Xavier, teria acontecido na cidade de Pedro Leopoldo, na região da Fazenda Modelo, um curioso fenômeno com as garças:[3]

> Na estrada que cortava os terrenos da Fazenda Modelo, um pouco aquém dos renques de bambus, havia a ponte do Ribeirão do Matuto. Uns cinquenta metros ao lado da ponte, sempre

---

1. Parte desta pesquisa foi apresentada no I Encontro Nacional dos Amigos de Chico Xavier e sua Obra, no dia 20 de abril de 2008, na cidade de Uberaba, Minas Gerais.

2. Maria Tomásia Ferreira era natural de Diamantina, Minas Gerais. Nasceu em 1867 e desencarnou em 10 de junho de 1972, aos 105 anos.

3. A garça branca é uma ave migratória encontrada em todo o Brasil, principalmente em regiões de lagos, lagoas e rios. Possui as patas e o pescoço compridos e pode atingir cerca de um metro de altura. Destacam-se a sua elegância e "alvura sacra" – tão branca que às vezes chega a refletir o sol. Foi muito caçada para a retirada de egretas (penas especiais que se formam no período reprodutivo) para a indústria de chapéus. Felizmente, não corre risco de extinção.

descendo na direção da estrada de ferro, o ribeirão contornava uma grande várzea, onde crescia capim-provisório, moitas de capim-gordura, uns poucos juncos, dois ingazeiros e lírios de cálices muito brancos e perfumados. E foi aí que nasceu a lenda que há muitos anos me foi contada por um velho do caminho de Vera Cruz, depois por Sá Tomásia e, em seguida, por Donana Preta. A lenda era a mesma, mas Sá Tomásia tinha mais talento para contar uma história, por isso lembro-me com mais nitidez de suas palavras. No fim do mês de março de 1910, começaram a aparecer garças naquela várzea, as quais foram-se misturando com os lírios. Palavras de Sá Tomásia: "E da ponte a gente via um branco que se movia e mudava de lugar, e um branco que não se movia nem mudava de lugar..." No dia 2 de abril de 1910, o branco dos lírios e das garças cobriu toda a várzea. E foi na manhã desse dia, bem cedo, que as garças embranqueceram vários trechos do azul do nosso céu, voando aos bandos, sem a menor pressa, num ritual de graça e leveza, com as penas refletindo a luz do sol e espalhando o suave perfume dos lírios da Fazenda Modelo pelo povoado de Pedro Leopoldo. Sá Tomásia: "Foi a manhã mais bonita que vi em toda a minha vida!... E eu já vi as manhãs de mais de trinta mil dias..." À tarde, as garças voltaram a voar sobre o povoado, levando em suas penas o perfume dos lírios. E só retornaram ao ponto de onde saíram quando o sol começou a se esconder no horizonte. Sá Tomásia: "Quem abriu a janela naquela noite viu o céu como se ele estivesse atrás de um vidro de cristal, com as estrelas mais próximas da Terra e brilhando mais que em outras noites, e sentiu no vento um suave perfume de lírio..."

No dia seguinte, as garças, aos poucos, como chegaram, começaram a deixar aquela várzea. E só ficaram ali umas poucas garças e uns poucos lírios. Ainda hoje podemos ver naquela região um pequeno número delas, com certeza descendente das garças que sobrevoaram a cidade no dia 2 de abril de 1910, dia em que Chico Xavier nasceu. E Sá Tomásia concluía explicando que aquelas garças tinham aparecido em nossa terra para festejar, com seus voos e o perfume dos lírios, o nascimento de Chico Xavier. Sá Tomásia: "Os lírios de Pedro Leopoldo nunca floriram com tanta vontade como naqueles dias..." E o interessante é que hoje em dia, onde Chico Xavier se concentra para receber um Espírito do além, quase sempre surge um suave perfume... às vezes de rosas, às vezes de lírios...[4]

Estou me apropriando dessa metáfora[5] para dizer que uma dessas garças pousou na cidade de Pedro Leopoldo exatamente no dia 2 de abril de 1910, na Rua de São Sebastião, trazendo compaixão e amor, e, por isso mesmo, transformou as noites de muitos angustiados e aflitos em dias ensolarados de esperanças e de alegrias.

---

4. José Issa Filho. *Coisas do reino de Pedro Leopoldo 3*. Pedro Leopoldo: Tavares, 2002. [p. 138–140]

5. A palavra é derivada do grego *meta* (além) mais *phorein* (transportar de um lugar para outro). Tem a conotação de transportar o sentido literal de uma palavra ou frase, dando-lhe um sentido figurado. A metáfora é uma linguagem simbólica, característica da linguagem primária do inconsciente.

Essa é uma das muitas histórias sobre Francisco Cândido Xavier, ou, melhor dizendo, Chico Xavier, "o médium dos pés descalços",[6] quando ainda se encontrava no pequeno povoado chamado Pedro Leopoldo, "fazendo contrariedades do tamanho de elefantes, que ocupavam a cabeça dos desesperados, ficarem menores que peixinhos de aquários":

> Maravilhosas aquelas noites em que Chico Xavier, que colhia estrelas para entregar, com versos de amor, aos que o procuravam, parava junto de nós com a gola do paletó erguida por causa do frio. E quantas coisas bonitas ele tinha para nos dizer! E quantos ensinamentos capazes de tornarem a vida menos complicada aprendemos com ele! Parecia um mágico em ação. Com sua voz macia e seu riso alegre, espalhava mais luz em nossas noites do que todas as lâmpadas dos postes juntas. Fazia contrariedades do tamanho de elefantes, que ocupavam a cabeça dos desesperados, ficarem menores que peixinhos de aquários; fazia amarguras, pesadas como chumbo, que vergavam o ânimo dos angustiados, flutuarem no espaço, livres da força da gravidade. Parecia um mágico em ação, mas não usava fraque nem cartola, nem tinha voz nem gestos de mágico. Fazia tudo de maneira suave e natural. E de maneira suave e

---

6. Designação dada pelo biógrafo uberabense Carlos Antônio Baccelli, não só pelo fato de que Chico Xavier, ao psicografar, costumava retirar os sapatos por sob a mesa em que escrevia, mas, principalmente, para destacar a sua simplicidade e humildade.

natural colhia esperanças no espaço (não as retirava da cartola ou das mangas do fraque) e as distribuía com os solitários, com os infelizes, com os doentes, com os tristes.[7]

JHON HARLEY
Pedro Leopoldo, 2 de abril de 2010

---

**7.** José Issa Filho. *Coisas do reino de Pedro Leopoldo* 2. Pedro Leopoldo: Tavares, 1996. [p. 24]

Chico Xavier na Fazenda Modelo nos anos 1950. [Acervo: Darwin de Rezende Alvim Neto]

28

UMA GARÇA POUSOU
NA CIDADE DE PEDRO
LEOPOLDO EXATAMENTE
NO DIA 2 DE ABRIL DE 1910
TRAZENDO COMPAIXÃO
E AMOR, E, POR ISSO
MESMO, TRANSFORMOU
AS NOITES DE MUITOS
ANGUSTIADOS E AFLITOS
EM DIAS ENSOLARADOS
DE ESPERANÇAS E DE
ALEGRIAS. SEU NOME:
CHICO XAVIER.

# INTRODUÇÃO

> À s vezes tenho a impressão de que Chico Xavier me é uma pessoa completamente estranha: eu não sou esse Chico Xavier que querem fazer com que eu seja.
> **CHICO XAVIER**

IN

## PONTO DE PARTIDA

**NASCI NA CIDADE DE PEDRO LEOPOLDO E MINHA FOR**mação religiosa, como muitos da minha geração, foi estruturada nos princípios do Cristianismo, sob a interpretação do movimento católico. Na adolescência, por alguns anos, cheguei também a participar do movimento umbandista.

Desde cedo me sentia atraído em procurar entender um pouco mais sobre a religiosidade em nosso país, pois sempre a considerei uma forma de expressão cultural importante e significativa, mas que, historicamente, somente há bem pouco tempo vem despertando o interesse de pesquisadores e estudiosos.

Por volta dos 17 anos de idade, em diversas ocasiões, tive sonhos curiosos nos quais Chico Xavier era o protagonista. Ouvindo falar muito em Chico Xavier, comecei a alimentar um insistente desejo de conhecê-lo. Passei a sonhar que ele, sorridente, me olhava atentamente. Corria para encontrá-lo, mas quando chegava próximo ele já se encontrava em outro lugar. Esses sonhos persistiram por um bom tempo e deixaram significativas impressões.

Na inauguração da Praça Chico Xavier, por iniciativa da Prefeitura Municipal de Pedro Leopoldo, no dia 15 de novembro de 1980, a segunda homenagem pública do povo pedroleopoldense ao seu ilustre filho,[8] tentei conhecê-lo na

---

8.  A primeira homenagem pública do povo de Pedro Leopoldo a Chico Xavier foi aprovada na Câmara Municipal de Pedro Leopoldo em 12 de outubro de 1967, mas somente concedida

casa de sua irmã Maria Luiza Xavier, contudo todos os esforços foram infrutíferos. Muita gente. Muita confusão. Naquele momento, percebi que outras pessoas também alimentavam o mesmo desejo.

Depois de outras tentativas, tive o prazer de conhecer Francisco Cândido Xavier em 1981, na casa de sua irmã Cidália Xavier de Carvalho. Confesso que fiquei sob certa hipnose, olhando fixamente para o tão falado Chico Xavier. Encontro, reencontro, não sei... Mas a partir daí mantivemos um relacionamento de respeito e de amizade, que só foi interrompido com a sua desencarnação, no dia 30 de junho de 2002.

---

no dia 28 de janeiro de 1968 na sede do Clube Social, ao ensejo do 44.º aniversário da cidade, concedendo, por unanimidade, o título de "Cidadão Benemérito Pedroleopoldense", de autoria do vereador Renato Carvalho de Andrade Pinto. (Fonte: *O Espírita Mineiro* [março/abril de 1968]. Ver também *Anuário Espírita 1969* [p. 151].) E a terceira homenagem pública do povo pedroleopoldense ocorreu em agosto de 1995, na qual a Câmara Municipal de Pedro Leopoldo, por meio da Resolução n.º 309, instituiu a "Comenda ou Medalha Chico Xavier", de autoria do vereador Renato Carvalho de Andrade Pinto, com o objetivo de homenagear pessoas físicas e jurídicas de destaque na promoção da paz, da ética e da cidadania. Associar essa comenda ao nome de Chico Xavier foi fruto de uma feliz inspiração, pois num momento de muita intransigência mundial o titular da honraria representa respeito às diferenças, perseverança no bem coletivo e amor ao próximo.

Essa amizade interferiu em minha forma de pensar e de agir, sobre mim mesmo e sobre o mundo. Tornei-me espírita e passei a estudar os princípios codificados por Allan Kardec, além das muitas obras psicografadas por Chico Xavier e por outros companheiros de ideal.

Em 21 anos de convivência pude confirmar o que muitas pessoas já diziam: Chico era um ser humano profundamente generoso, de hábitos simples, vivendo de sua modesta aposentadoria. Um típico mineiro, que adorava uma boa prosa e que ficava profundamente constrangido com elogios.

As razões deste livro começaram a tomar forma em abril de 1995, quando o jornal *Oficina Humana*, de circulação restrita na região de Pedro Leopoldo, lançou uma edição comemorativa dos 85 anos de Chico Xavier. A convite da diretora do jornal, Núbia Albano Soares, escrevi um artigo no qual procurei falar um pouco mais sobre a sua humanidade. Dizia no artigo: "Quando se fala em Chico Xavier, muitas pessoas imaginam um ser distante de nossa realidade. Um mito inabordável a qualquer sentimento humano, como se ele não fosse de carne e osso." Em outra passagem, considerava: "Desmistificar o mito Chico Xavier é reconhecer que como qualquer ser humano ele tem limites e necessidades de carinho, respeito e atenção."

Como mantínhamos uma regular correspondência, enviei para Uberaba alguns exemplares e qual não foi a minha surpresa ao receber uma carta e um telegrama do próprio Chico, pedindo que, se fosse possível, lhe enviasse outros exemplares.[9] O artigo nada tinha de excepcional. Sua linguagem era muito simples, uma conversa ao "pé do ouvido", falando de um Chico Xavier tão humano como qualquer um de nós, mas que, vivendo intensamente a sua humanidade, nos dava a impressão de um ser humano diferente e especial.

Falar um pouco mais dessa dimensão humana nesses anos de convivência e aprendizado, esse "retorno ao passado", também se justifica em razão das novas produções biográficas que têm circulado atualmente. Temos hoje, somente no movimento espírita brasileiro, em torno de 200 obras falando do homem, do médium e muito mais do mito Chico Xavier. Além disso, em razão das inquietações e dos anseios que são próprios da época atual, passamos a observar os acontecimentos em Pedro Leopoldo com novos olhares e sob outras problematizações.

Por meio dessa pesquisa, passei a admirá-lo ainda mais, porque dentro do contexto social que vivemos existem

---

9. Carta de 11 de abril de 1995: "Com muita satisfação, recebi o jornal 'Oficina Humana', que a sua bondade me enviou. Uma bela folha mantida por cidades associadas. Uma iniciativa original, que revela a força do progresso de nossa região. Estou muito grato a você e, caso seja possível, envie-me mais alguns exemplares, mesmo que seja mais um ou dois, ficarei muito agradecido. Muito me alegrou a sua entrevista, corajosa e sincera. Não só na condição de amigo, mas também na responsabilidade de presidente da AME, em Pedro Leopoldo, você demonstrou firmeza e lealdade. As suas palavras me comoveram e em prece roguei a Jesus o recompense. CHICO XAVIER"

outras personalidades com as mesmas características de humanidade, mas que não conseguiram dar tanto sentido à vida como Chico Xavier conseguiu. O biógrafo uberabense Carlos Baccelli disse ser Chico não um "anjo" exercendo o papel de um homem, mas um homem, do mundo e no mundo, exercendo o papel de um "anjo".

Evidentemente, quando falamos de Chico Xavier, falamos também de muitos anônimos companheiros que colaboraram nesta caminhada. Companheiros de Pedro Leopoldo e de Uberaba, e de muitas outras cidades no Brasil e no exterior, que doaram a sua parcela de contribuição para a construção deste gigantesco trabalho. Portanto, falar de Chico Xavier é falar de milhares de amigos e companheiros que, identificados com a sua forma de pensar e de agir, participaram ativamente na construção desta história.

Chico disse, em 1981, quando da sua indicação para o Prêmio Nobel da Paz, que tal honraria deveria ser destinada não a ele, mas à maior expressão humana de todos os tempos: Jesus Cristo. E essa referência, que o acompanhou em toda a sua vida, não permitiu que a religiosidade em Chico Xavier reduzisse a sua alegria de viver, pois ele era alegre e brincalhão, justamente em razão de sua fé em Deus, na vida e nos homens.

Em 2000, numa promoção da Telemar e da *Rede Globo Minas*, Chico Xavier foi eleito pela população do Estado de Minas Gerais o "Mineiro do Século". E em 2006, pela revista *Época*, foi considerado pelos internautas, juntamente com Rui Barbosa, o "Maior Brasileiro da História". Foi respeitado e admirado por milhões de pessoas em todo o país e mesmo fora de nossas fronteiras. Uma unanimidade nacional no campo do trabalho e da assistência social.

Uma de minhas alunas, indignada com o resultado dessa pesquisa, me perguntou o que Chico Xavier teria feito para ser considerado o "Mineiro do Século" (foram 704.030 votos), já que ele não teria "inventado" ou feito nada de especial. Confesso que olhei para ela com certa indignação. Ameacei responder, mas a partir desse questionamento comecei a refletir mais profundamente: qual teria sido a sua "grande invenção"? Qual foi o seu grande legado? Talvez a demonstração concreta de ser humanamente possível colaborar na construção de uma sociedade mais justa, mais fraterna e mais feliz.

Em tempos de tanta intransigência e intolerância, e dentro de um contexto social individualista, espero, sem nenhuma intenção de divinizá-lo, ter conseguido dizer que a humanidade em Chico Xavier ultrapassou os limites dos movimentos religiosos por mim conhecidos, se materializando, no transcorrer dos seus 92 anos de idade, em generosidade, compaixão e amor.

Por isso mesmo, nesta pesquisa, manter o distanciamento para falar de sua própria humanidade não foi, não é e nunca será um exercício fácil, principalmente para aqueles que conviveram mais estreitamente com ele. Talvez essa a razão deste livro ser publicado somente oito anos após a sua desencarnação.

Sob a perspectiva histórica em que esta pesquisa se desenvolveu, compreendo que não será um simples gesto de uma pessoa qualquer que poderá magicamente transformar a forma de organização social em que vivemos, entretanto, não posso deixar de afirmar que a coerência entre o falar e o agir, associada ao seu poder de mobilização, pode gerar uma ação coletiva de proporções inimagináveis.

Para mim, Francisco Cândido Xavier, ou simplesmente Chico Xavier, foi uma dessas pessoas.

Acompanhemos alguns caminhos que essa "garça" percorreu na cidade de Pedro Leopoldo e, identificados ou não com a sua forma de pensar e de agir, procuremos também dar a nossa parcela de colaboração, pois, como dizia Chico Xavier, "a melhoria do mundo começa em cada um de nós".

Chico Xavier e o autor. Foto feita na residência de Chico Xavier em Uberaba, na década de 1990. [Acervo pessoal]

CHICO XAVIER ULTRAPASSOU OS LIMITES DOS MOVIMENTOS RELIGIOSOS, SE MATERIALIZANDO EM GENEROSIDADE, COMPAIXÃO E AMOR. ACOMPANHEMOS ALGUNS CAMINHOS QUE ESSA "GARÇA" PERCORREU E PROCUREMOS TAMBÉM DAR A NOSSA PARCELA DE COLABORAÇÃO, POIS, COMO DIZIA CHICO, "A MELHORIA DO MUNDO COMEÇA EM CADA UM DE NÓS".

Os códigos QR que aparecem ao longo do livro são *links* que remetem a conteúdo adicional. Confira:

**EM BUSCA DE UMA INVESTIGAÇÃO FUNDAMENTADA** Conheça mais sobre a composição deste livro.

# PEDRO LEOPOLDO E SUAS ORIGENS

**1**

*Focalizei no meu pensamento a ideia de vir ter contigo e bastou isso para que as minhas raras faculdades de fantasma alígero me conduzissem a este maravilhoso recanto sertanejo em que vives, esplendor de canto agreste, quase selvagem, trazendo-me reminiscências de uma paisagem minhota, cortada de regatos, aromatizada de frescas verduras, suave e perfumosa, encantadora e alegre, onde apenas faltasse o cheiro caricioso do vinho verde reconfortador.*

Fernando de Lacerda; Espíritos diversos. *Eça de Queirós, póstumo.* 2. ed. Rio de Janeiro: FEB, [*s.d.*]. [p. 224–229]

**P**ARA FALAR DE FRANCISCO CÂNDIDO XAVIER É PRE-
ciso se inteirar um pouco da formação e da constituição
do município de Pedro Leopoldo, objetivando entender os
caminhos historicamente percorridos e a reconstituição do
contexto em que ele viveu. Evidentemente, a nossa intenção
aqui não foi realizar uma profunda investigação sobre as
origens da cidade, mas buscar informações que subsidias-
sem as nossas observações.[10]

Descubra o patrimônio arqueológico de Pedro Leopoldo.

Por volta do século XVI, em Minas Gerais, os tupinam-
bás, linhagem da família tupi-guarani, passaram a domi-
nar a região, que, por sua vez, diversificaram-se nas tribos
dos cataguases, carijós, caetés e guaianases. De acordo com
os historiadores, foram esses os povos encontrados pelos
bandeirantes paulistas no último quartel do século XVII.

Segundo Martins,

> Somente no último quartel do século XVII, bandeiras paulistas
> encontraram ouro e pedras preciosas na porção central de Mi-
> nas Gerais, tendo início, então, rápido processo de ocupação do
> território mineiro. Uma dessas bandeiras, liderada por Fernão
> Dias, é associada ao momento inicial do povoamento colonial
> da região onde se situa o atual município de Pedro Leopoldo. É
> preciso lembrar, contudo, que antes da região central de Minas
> ter sido percorrida por bandeiras paulistas, após a segunda

---

10.  De acordo com as pesquisas realizadas pelo historiador Mar-
     cos Lobato Martins, detectou-se a inexistência de estudos sis-
     temáticos da região e poucas referências à sua história.

metade do século XVII, o território já havia sido desbravado e conhecido por expedições saídas da Bahia e do Espírito Santo.[11]

Diríamos que a bandeira chefiada por Fernão Dias Paes promoveu, na área onde hoje se encontra o município de Pedro Leopoldo, e demais regiões, a ligação do sul com o norte do país. Com a descoberta de ouro no Rio das Velhas, o povoamento começou a se estabelecer, surgindo a vila de Sabará e, posteriormente, Santa Luzia do Rio das Velhas. Com a expansão da mineração, ocorreu, praticamente, o povoamento de toda a área central do Estado.

A região conhecida como Quinta do Sumidouro, hoje pertencente ao município de Pedro Leopoldo, possui uma edificação na qual, supostamente, teria residido o famoso bandeirante. O nome, de acordo com os historiadores, teria sido dado pelo grande bandeirante para homenagear a quinta povoação fundada em Minas Gerais. Prova da influência histórica nessa região é a existência da Igreja do Sumidouro (hoje Fidalgo), fato que, para alguns estudiosos, corrobora a existência de algumas obras em seu interior atribuídas a Antônio Francisco Lisboa, o Aleijadinho.

A partir do início do século XVIII, em torno do Rio das Velhas, surgiram grandes fazendas escravagistas e propriedades camponesas dedicadas à agricultura, à criação

---

11. Marcos Lobato Martins. *Pedro Leopoldo: memória histórica*. 2. ed. Pedro Leopoldo: Câmara Municipal de Pedro Leopoldo, 2006. [p. 34]

de gado e à mineração de ouro, como no caso da Fazenda da Jaguara, cuja carta de sesmaria é de 1710.

Na metade desse século outros pequenos povoamentos apareceram ao redor do atual município de Pedro Leopoldo, como por exemplo o Curral Del Rey, hoje cidade de Belo Horizonte. Vale lembrar que a escravidão era a base do sistema produtivo da época.

> Ao contrário das antigas "cidades do ouro", cuja ocupação e formação econômico-social processaram-se em torno da extração de metais e pedras preciosas, a região onde está o município de Pedro Leopoldo recebeu fazendas dedicadas ao abastecimento das áreas mineradoras do centro de Minas.[12]

Com o fim do chamado ciclo do ouro, em meados do século XVIII, em razão da redução dos metais preciosos, outras atividades econômicas se estabeleceram e se expandiram na região, principalmente a agricultura e a pecuária. Com o sistema escravocrata instituído, permitindo uma mão-de-obra relativamente barata, pequenos e grandes fazendeiros se instalaram na região.

Com o avanço do movimento abolicionista, as ameaças e pressões para o fim do sistema escravocrata tomaram corpo, até que em meados do século XIX outras formas de atividades produtivas surgiram, como por exemplo as indústrias têxteis, que, inicialmente, em Minas Gerais,

---

12. *Ibidem.* [p. 16]

originaram-se de pequenas produções artesanais para suprimento das necessidades internas, que se ampliaram para atender às grandes metrópoles.

Em 17 de junho de 1895, próximo à região onde existia a Fazenda da Cachoeira Grande, das decantadas três moças, últimas moradoras da Fazenda, por isso a antiga denominação de Fazenda Cachoeira das Três Moças,[13] foi inaugurada a estação ferroviária da Estrada de Ferro Central do Brasil. Em homenagem ao responsável pela construção da ferrovia, o engenheiro Pedro Leopoldo da Silveira,[14] falecido meses antes em Sabará, a estação recebeu o seu nome. Progressivamente, o nome da estação foi substituindo o antigo nome Cachoeira Grande na designação da localidade.[15]

Logo depois, em 13 de março de 1896, inaugurou-se, às margens do Ribeirão da Mata, a Companhia Fabril da Cachoeira Grande, popularmente conhecida como Fábrica de Tecidos, fundada pelo português Antônio Alves Ferreira

---

13. O nome Cachoeira Grande se deve à altura e ao grande volume de água que ali existia. Segundo o pedroleopoldense Elysio Alves Gonçalves Ferreira, a força hidráulica dessa cachoeira representava o dobro de potência da então Fábrica da Cachoeira dos Macacos (hoje Lagoa da Prata).

14. O engenheiro Pedro Leopoldo da Silveira nasceu em São Cristóvão, Estado de Sergipe, em 2 de dezembro de 1850, e faleceu na cidade de Sabará, Minas Gerais, em 9 de agosto de 1894.

15. Alguns pedroleopoldenses lamentam até hoje a mudança do nome, pois se se tivesse mantido o nome original, acreditam que haveria maior interesse na preservação ambiental e arqueológica da região.

da Silva que, junto de outros fazendeiros da região, donos de grandes propriedades, resolveu, em 1893, iniciar sua construção.

O povoado de Cachoeira Grande pertencia ao então município de Santa Luzia do Rio das Velhas. Entretanto, em 17 de julho de 1901 foi elevado à condição de distrito e, finalmente, em 7 de setembro de 1923, à condição de município pela Lei Estadual 843. Em 27 de janeiro de 1924, ocorreu a instalação do município e, no ano seguinte, a Lei Estadual 893 elevou a sede à categoria de cidade.

Podemos afirmar que Pedro Leopoldo se desenvolveu e se organizou em torno da Companhia Fabril da Cachoeira Grande e da Estrada de Ferro Central do Brasil, além da Fazenda Modelo, instalada alguns anos mais tarde, o que levou muitas famílias a buscarem nessa nova localidade melhores condições de vida, entre elas a de João Cândido Xavier e Maria de São João de Deus (pais de Chico Xavier), antigos moradores de Santa Luzia do Rio das Velhas (hoje Santa Luzia).

Hoje, Pedro Leopoldo, uma pequena cidade do interior mineiro, ficou famosa não somente pelas suas belezas naturais, suas grutas e arqueologia, sua indústria cimenteira, as façanhas médicas do Dr. Zezé[16] ou pelas revelações de craques do futebol, entre eles os ex-jogadores Dirceu Lopes,

---

16. Ver: Osvaldo Gonçalo do Carmo. *Esta Pedro Leopoldo: fatos, coisas e pessoas da minha cidade.* Pedro Leopoldo: [s.n.], 1995. [p. 75–76]

Campos, Marcelo Oliveira e Gabriel Marques, mas, e principalmente, por ser a terra natal de Francisco Cândido Xavier, o nosso Chico Xavier.[17]

---

17. A título de curiosidade, em 1920 a então Companhia Fabril da Cachoeira Grande foi encampada pela Companhia Industrial Belo Horizonte, a primeira grande indústria da capital mineira, fundada em 28 de agosto de 1906. A Fazenda Modelo foi criada em 6 de fevereiro de 1918 pelo governo do Estado de Minas Gerais com o nome de Granja Pastoril Riachuelo. Em 25 de julho de 1919, passou a se chamar Estação de Monta da Granja Pastoril Riachuelo. Em 5 de março de 1921, passou a se chamar Fazenda Modelo de Criação de Pedro Leopoldo.

Inauguração da Companhia Fabril da Cachoeira Grande, em 1896. No alto, Antônio Alves Ferreira da Silva, fundador da fábrica. [Acervo: Arquivo Geraldo Leão]

47

O engenheiro ferroviário
Pedro Leopoldo da Silveira.
[Acervo: Arquivo Geraldo Leão]

Emancipação do município de Pedro Leopoldo,
em 27 de janeiro de 1924. Interessante observar
o contraste entre o antigo, transporte conduzido
por mulas, e o moderno, a linha férrea.
[Acervo: Arquivo Geraldo Leão]

PEDRO LEOPOLDO, UMA PEQUENA CIDADE DO INTERIOR MINEIRO, FICOU FAMOSA NÃO SOMENTE PELAS SUAS BELEZAS NATURAIS, SUAS GRUTAS E ARQUEOLOGIA, SUA INDÚSTRIA CIMENTEIRA, OU PELAS REVELAÇÕES DE CRAQUES DO FUTEBOL, MAS, E PRINCIPALMENTE, POR SER A TERRA NATAL DE FRANCISCO CÂNDIDO XAVIER, O NOSSO CHICO XAVIER.

# O NOME

**2**

*Nasci em Pedro Leopoldo, Minas, em 1910. E até aqui julgo que os meus atos perante a sociedade da minha terra são expressões do pensamento de uma alma sincera e leal, que acima de tudo ama a verdade; e creio mesmo que todos os que me conhecem podem dar testemunho da minha vida repleta de árduas dificuldades, e mesmo de sofrimentos. Filho de um lar muito pobre, órfão de mãe aos cinco anos, tenho experimentado toda a classe de aborrecimentos na vida **e não venho ao campo da publicidade para fazer um nome, porque a dor há muito já me convenceu da inutilidade das bagatelas que são ainda tão estimadas neste mundo.** [grifo meu]*

Francisco Cândido Xavier; Espíritos diversos. *Parnaso de além-túmulo*. Rio de Janeiro: FEB, 1932. [p. 31]

**F**RANCISCO DE PAULA CÂNDIDO, FRANCISCO CÂNDI-do Xavier, Chico Xavier, ou simplesmente Chico, nasceu na cidade de Pedro Leopoldo, Estado de Minas Gerais, em 2 de abril de 1910. Foi o oitavo filho do operário e cambista João Cândido Xavier e da lavadeira, e também operária, Maria de São João de Deus.[18]

O seu pai, João Cândido Xavier, filho de Vicente Pinto da Silva e de Joaquina Cândida Xavier, nasceu em 1868[19] no município de Santa Luzia do Rio das Velhas (atualmente Santa Luzia) e na busca de melhores oportunidades foi para Pedro Leopoldo, onde trabalhou na recém-fundada Companhia Fabril da Cachoeira Grande. Por volta de 1925, desempregado, e por força da necessidade, começou a exercer o ofício de cambista, desencarnando aos 93 anos de idade, no dia 6 de dezembro de 1960:

---

18. Considerando as informações no livro *Mensagens de Inês de Castro* [Francisco Cândido Xavier; Espírito Inês de Castro; Caio Ramacciotti (org.). 18. ed. São Bernardo do Campo: GEEM, 2011. [p. 215]], Chico Xavier revelou a existência de uma irmã falecida em tenra idade. E ainda no livro: *Chico Xavier: do calvário à redenção*, em carta datada no dia 27 de janeiro de 1980 Chico Xavier escreve para os seus sobrinhos: "Tiquinha e eu renascemos para a existência física com apenas três anos de diferença. Ela, em 1907, eu em 1910. Entre nós, surgiu uma criança que faleceu depois de algumas horas de nascida." [Carlos Alberto Braga Costa. *Chico Xavier: do calvário à redenção*. Capivari: EME, 2019. [p. 72]]

19. Ver: https://www.carlosfernandes.prosaeverso.net/

Funcionário da Fábrica de Tecidos, enquanto as crianças eram menores, depois, homem maduro, na cidade pequena tão escassa em oportunidades de emprego, dedicou-se às lides cambistas, para sobreviver. Os bilhetes de loteria tornaram João Cândido uma figura popular, inerente à própria paisagem de Pedro Leopoldo.[20]

A sua mãe, Maria de São João de Deus, também nasceu no município de Santa Luzia do Rio das Velhas, em 1881, no Hospital de São João de Deus. Esse hospital foi construído

20. *Folha Espírita*. São Paulo, dezembro de 1977. Edição especial comemorativa dos 50 anos de mediunidade de Chico Xavier. [p. 8]

Casa onde nasceu Chico Xavier, em 1910. À esquerda, casa de Elizeu Correia, tio de José Flaviano Machado. [Acervo: Casa de Chico Xavier]

para atender aos "desvalidos da sorte", ou aos "desfavorecidos da fortuna", eufemismos utilizados na época em referência à pobreza material, o que deu origem ao seu nome. Filha única, seu pai se chamava José da Rocha, só conheceu a mãe, Francelina Gomes, uma imigrante francesa em busca de melhores condições de vida, e que exercia o ofício de simples lavadeira às margens do Rio das Velhas como forma de retribuir o acolhimento recebido por uma organização católica denominada "Irmãs da Piedade", que, na ocasião, administrava o Hospital de São João de Deus, segundo depoimento dado por Chico Xavier ao seu sobrinho-neto Sérgio Luiz Ferreira Gonçalves. Convém destacar que todas as biografias consultadas apresentaram o nome da mãe de Chico Xavier como sendo **Maria João de Deus**. Entretanto, conforme pudemos verificar na certidão de nascimento do médium, o nome de registro, portanto, o nome correto de sua mãe é **Maria de São João de Deus**.

O avô paterno de Chico, Vicente Pinto, não teria aprovado o casamento do filho com Maria de São João de Deus (casou-se aos 13 anos de idade), em razão de sua origem social. Entretanto, João Cândido Xavier, contrariando o desejo do pai, casou-se e foi morar na cidade de Pedro Leopoldo, em busca de novas oportunidades de emprego e constituição da família.

Maria de São João de Deus não pôde receber uma educação esmerada, mas muitos que a conheceram na Rua de São Sebastião, em Pedro Leopoldo, afirmavam que os nobres sentimentos do seu coração substituíram a cultura que lhe faltava. Todos os depoimentos de Chico Xavier em

Não há entre os biógrafos nenhuma referência sobre a fonte primária desta foto como sendo de Chico Xavier. Entretanto, segundo a *Revista Internacional de Espiritismo* [1973, p. 131], Chico estava com 17 anos. [Acervo: Casa de Chico Xavier]

relação à sua mãe retratam uma pessoa exemplar, muito católica e profundamente generosa para com todos. E os biógrafos, sem exceção, também reforçam essa tese.

No depoimento dado por Maria da Conceição Xavier Pena, a sexta filha do casal Maria de São João de Deus e João Cândido Xavier, em Belo Horizonte, no Centro Espírita Oriente, em 20 de outubro de 1973, podemos observar o respeito e a admiração pela mãe:

> Mamãe deixou uma semente de amor no coração de cada filho, pelas suas expressões de bondade e de simplicidade [...] Era ela calada, tinha uma fisionomia serena e muito tranquila; nunca vi mamãe reclamando, nem chorando, nem discutindo com papai e com minhas irmãs maiores. Nos ensinava mais com exemplos do que com palavras [...][21]

Sobre o nascimento de Chico Xavier e os seus primeiros dias neste mundo, encontramos no livro *Recordações de Chico Xavier* o depoimento de um personagem citado pelo biógrafo Ranieri, José Agostinho Soares, sobre a parteira que teria recebido Chico em seus braços:

> Disse o José Agostinho Soares, que morava em frente à casa do Chico em Pedro Leopoldo, que uma senhora chamada Dona Laura que fora quem o recebeu nos braços em seu nascimento. Essa senhora morreu há uns quatro anos e viveu nos últimos

21.  R.A. Ranieri. *O prisioneiro do Cristo*. São Paulo: LAKE, 1978. [p. 86]

tempos na casa de Lucília, irmã do médium.[22] Disse Dona Laura que Chico nascera com uma mancha no peito, consequência do fato de que Maria João de Deus, mãe do Chico, trazia sempre uma lata de talco ou de latão no peito. Era crença dela. Assistira também a morte de Maria João de Deus e foi quem deu o primeiro banho no Chico.[23]

Muitos já falaram exaustivamente sobre a infância difícil e sofrida de Chico Xavier. Perdeu a mãe aos cinco anos de idade, em 29 de setembro de 1915 (aos 34 anos), indo viver com o padrinho José Felizardo Sobrinho, a madrinha Rita de Cássia, um sobrinho dela, de nome Moacir,[24] e uma auxiliar de serviço chamada Maria Teóphila. Sofreu incompreensões e maus tratos por quase dois anos, por parte da madrinha e do menino.[25]

Entretanto, antes do Chico ser entregue à madrinha, ficou sob os cuidados de duas irmãs. É o que podemos

---

**22.** Segundo Wagner Silva (filho de Lucília e morador da Rua Roberto Belisário 279), Dona Laura não morou na Casa de Lucília, mas em residência própria.

**23.** R.A. Ranieri. *Recordações de Chico Xavier*. São Paulo: LAKE, 1976. [p. 201]

**24.** Entre as biografias, encontrei a idade de Moacir variando entre 11 e 15 anos.

**25.** Sobre o conhecido episódio do Chico em lamber a ferida do Moacir, o nome da curandeira/benzedeira do Matuto era Ana Batista. [Ver: Ubiratan Paulo Machado. *Chico Xavier: uma vida de amor*. 5 ed. Araras: IDE, 2006. [p. 16]]

observar no depoimento de Sidália Xavier Silva, filha de
Maria da Conceição Xavier Pena, no livro *Chico Xavier: do
calvário à redenção*:

> Enquanto não eram entregues às madrinhas ou parentes para
> serem cuidados, os filhos de Maria João de Deus ficaram sob
> os cuidados de Carmozina, então com onze anos de idade, que
> passou a fazer o papel de mãe, já que as mais velhas já eram
> casadas. A mais velha de todas, Bita, assumiu o cuidado com
> dois irmãos, Francisco (Chico) e Lourdes, que foram entregues
> a ela pelo pai, João Cândido.[26]

No início de 1917,[27] seu pai se casou com Cidália Batista
Xavier. Cidália nasceu 5 de fevereiro de 1896, provavelmente em Pedro Leopoldo, e morreu de pneumonia.[28] A madras-
ta, melhor seria dizer "boadrasta", acolheu todos os filhos do
primeiro casamento, desencarnando em 19 de abril de 1931,
exatamente no ano em que Chico Xavier adquiriu maiori-
dade perante o Código Civil Brasileiro e que o seu benfeitor
espiritual Emmanuel iniciou o gigantesco trabalho literário mediúnico.

---

**26.** Carlos Alberto Braga Costa. *Chico Xavier: do calvário à redenção*. Capivari: EME, 2019. [p. 84]

**27.** Data baseada no nascimento de André Luiz Xavier, o primeiro
filho do casal, nascido no dia 27 de dezembro de 1917.

**28.** https://www.carlosfernandes.prosaeverso.net/

Laura Vieira da Silva, conhecida como Sá Laura, ou vovó Laia (1867–1972). Natural de Pindaíbas, hoje Vera Cruz. De acordo com a certidão de óbito, morreu aos 94 anos, no dia 29 de junho de 1972. Em razão da ausência de registros da época, alguns familiares afirmam que ela teria falecido com 105 anos. Foi a primeira pessoa a receber Chico Xavier nos braços em seu nascimento. Não morou com Lucília, de acordo com o depoimento de Agostinho, e sim na Rua de São Sebastião, em frente à casa onde Chico nasceu. [Acervo: Bárbara Valeska da Silva, sua bisneta]

Sobre aquela a quem Chico considerou sua segunda mãe, extraímos da obra *O evangelho de Chico Xavier*, a seguinte declaração:

Cidália, depois da minha mãe, sem dúvida é o Espírito a quem mais devo; posso dizer que ela conseguiu me resgatar do abismo... Quando ela partiu,[29] compreendi que a minha vida nunca mais seria a mesma; naquele exato momento, eu tive que crescer e criar a minha própria reserva de forças para assumir os filhos dela com o meu pai... Depois de minha mãe e de Cidália, nunca mais tive aconchego de colo de mãe... Os Espíritos me deram e me dão muito carinho, mas, com todo o meu respeito a eles, eu sinto muito a falta delas duas... Se eu puder, após a minha desencarnação, serão esses dois Espíritos que eu gostaria de encontrar primeiro...[30]

Pelo fato de não termos nenhum registro iconográfico da mãe de Chico Xavier, vamos nos apropriar do depoimento de Carmelita Pereira da Costa (83 anos), mais conhecida como Dona Bilita, antiga moradora de Pedro Leopoldo, na Rua de São Sebastião, registrado na *Folha Espírita*, por Marlene Rossi Severino Nobre:

---

29. Alguns biógrafos afirmam que Cidália Batista teria desencarnado em 1927, mas, de acordo com as pesquisas, foi em 1931.
30. Carlos Antônio Baccelli. *O evangelho de Chico Xavier*. Votuporanga: Didier, 2000. [p. 77–78]

Era a mesma coisa que ver Bita (Maria Cândida Xavier), a filha mais velha, boa que só vendo!... Tudo gente boa, a família de João Cândido! Bons tempos aqueles! Tudo tão triste para Chico depois que sua mãe morreu! Tão boa que ela era![31]

Por meio do depoimento de Florisbela Pereira, criada com Cidália Batista Xavier, pudemos também reforçar o que já dizia Chico Xavier e os biógrafos sobre sua pessoa, bastante compreensiva e generosa, principalmente pelo fato de ter reunido os nove filhos do primeiro casamento de João Cândido Xavier, pois logo após a desencarnação de Maria de São João de Deus quase todos os seus filhos foram distribuídos entre amigos e familiares:

O João Cândido tocava viola, a Zina (Carmozina Xavier Pena), irmã de Chico tocava violão, e eu e o Chico, e mais alguns, cantávamos nas serenatas, nas casas dos amigos. No Natal, havia ceia em casa dele, depois nós saíamos e chegávamos em casa às seis horas da manhã, fazíamos serenatas a noite toda. E no dia de Reis também. A voz do Chico era suave e delicada. Fui criada junto com Cidália, a segunda esposa de João Cândido, de modo que eu conheço bem toda a família. João Cândido era um homem maravilhoso, eu o tinha como cunhado e um segundo pai. Nas serenatas, ele tinha muito cuidado com a gente, para que outros rapazes que ele não conhecia não viessem trazer

---

**31.** *Folha Espírita*. São Paulo, dezembro de 1977. Edição especial comemorativa dos 50 anos de mediunidade de Chico Xavier. [p. 8]

Maria Cândida Xavier (Bita),
a irmã mais velha de Chico,
do primeiro casamento.
[Acervo: Casa de Chico Xavier]

Carmozina Xavier Pena (Zina),
irmã de Chico, aos 44 anos de idade.
[Acervo: Casa de Chico Xavier]

problemas para nós. Cidália era muito boa, ela abraçou com amor os filhos do primeiro casamento de João Cândido e sempre foi muito dedicada à família. Lembro-me da tristeza com a sua morte. Uma família queria ficar com Doralice e João, os filhos mais novos de Cidália, aí o João Cândido falou: "Chico é quem sabe, se ele quiser pode dar os meninos." Mas Chico não deixou: "Assim como eu achei Cidália para acabar de me criar, eu vou acabar de criar os filhos dela também." E ficaram morando todos juntos, com o Chico na responsabilidade maior da casa.[32][33]

Para alguns biógrafos, Chico Xavier teria sido registrado com o nome de Francisco de Paula Cândido pelo fato de ter nascido no dia 2 de abril, data consagrada pela igreja católica a São Francisco de Paula. Outros biógrafos, porém, afirmam que na impossibilidade de João Cândido Xavier comparecer ao cartório pediu a um amigo que fosse em seu lugar e que lá chegando, se esquecendo do nome recomendado, lembrou da data consagrada ao santo católico.

No depoimento dado por Eurípedes Humberto Higino dos Reis, filho de coração de Chico Xavier, o médium havia comentado sobre a data de seu nascimento:

32. *Ibidem*. [p. 11]
33. De acordo com o depoimento do sobrinho-neto do médium, Sérgio Luiz Ferreira Gonçalves, para Chico Xavier a irmã que mais se parecia fisicamente com sua mãe era Maria da Conceição Xavier Pena (Tiquinha).

Vendo se aproximar a época que minha mãe iria ter um filho, e estando se aproximando o final do mês de março, meu pai, João Cândido, chamou minha mãe e disse: "Maria, tenha esse filho antes do dia 1.º. Se ele tiver de nascer no dia primeiro de abril você segura, senão vão dizer que eu, João Cândido, um homem que nunca mentiu, fiz um filho de mentira." Minha mãe, Maria de São João de Deus, era uma devota fervorosa de Nossa Senhora. No dia 31 de março de 1910, cerca de 11h30, ela, grávida, aguardava o meu parto, e começou a sentir as primeiras pontadas, as primeiras dores do parto. E foi aí que ela gritou: "Ai, minha Nossa Senhora, ajude, pelo amor de Deus, porque meu filho não pode nascer no dia primeiro de abril, o dia dos mentirosos! Eu aguento tudo, Nossa Senhora, mas me ajude a levá-lo até dia 2 de abril!" [...] Ela aguentou: e foi assim que eu nasci no dia 2 de abril![34]

Outros afirmam – e aqui destaco o depoimento de Eurípedes – que Chico Xavier teria sido registrado como Francisco Cândido Xavier e que o então diretor da Fazenda Modelo, Dr. Rômulo Joviano, pressionado por determinadas autoridades religiosas para demitir o então funcionário Chico Xavier, sugeriu a alteração do nome para Francisco de Paula Cândido, com o objetivo de enganar os religiosos, pois que estavam incomodados com a grande repercussão do até então desconhecido matuto de Pedro Leopoldo.

34. Joaquim Cabral Netto. *Comenda da Paz Chico Xavier*. Belo Horizonte: Speed, 2012. [p. 81–82]

O sucesso editorial e a repercussão do livro *Parnaso de além-túmulo*, lançado em 6 de julho de 1932 pela Federação Espírita Brasileira (FEB), as reportagens de Clementino de Alencar, do jornal *O Globo*, em 1935, e as produções mediúnicas assinadas pelo Espírito Humberto de Campos teriam desencadeado tal perseguição:

Foi ainda nesse período difícil (em torno de 1942) compelido a mudar de nome. Uma influente autoridade religiosa de Belo Horizonte implicara com os Xavier, principalmente com o Chico, cujo nome começava a se projetar junto com as suas obras mediúnicas. Escrevendo ao Sr. Rômulo Joviano, o chefe da Fazenda Modelo, aquela autoridade exigia que o Chico fosse despedido do trabalho. O assunto era sério e precisava ser solucionado. Àquela época, por decreto do presidente Getúlio Vargas, todo brasileiro que ainda não houvesse se registrado poderia fazê-lo, gratuitamente, por um espaço de cinco anos. Pensando no problema, o Sr. Rômulo propôs ao Chico registrar-se novamente, porque assim ele forneceria à dita autoridade religiosa de Belo Horizonte uma nova relação dos funcionários da Fazenda Modelo, em Pedro Leopoldo, esclarecendo que não havia mais nenhum Xavier na repartição e que as suas "ordens" tinham sido cumpridas à risca. O Chico concordou e assim foi feito. Olhando no calendário, o Sr. Rômulo observou que o dia 2 de abril, data de aniversário do Chico, era consagrado a São Francisco de Paula e sugeriu que, para Chico não deixar de ser Chico, ao invés de Francisco Cândido Xavier ele passasse a assinar Francisco de Paula Cândido. Assim ele continuaria a ser Chico e "Cândido", como sempre o fora... A providência inteligente do Sr. Rômulo, que era um homem muito enérgico, mas muito humano, evitou que o Chico perdesse o emprego numa época em que ele tratava de quatorze pessoas em sua casa, entre as quais um sobrinho paralítico, filho de José. A autoridade religiosa se acalmou, recebendo a merecida lição, e o Chico continuou a trabalhar, recolhendo-se à paz de temporário anonimato. Ainda hoje, quando o Chico dirige-se à agência bancária onde recebe os seus modestos proventos de aposentadoria, ele primeiro assina Francisco de Paula Cândido e, logo em seguida, Francisco Cândido Xavier. Por servir a Jesus, até o nome ele foi obrigado a trocar.[35]

Ainda nessa linha de raciocínio, recebemos de Carlos Baccelli a cópia de uma carta do próprio Chico Xavier, datada de 31 de agosto de 1978, e endereçada a Francisco Thiesen, então presidente da Federação Espírita Brasileira, na qual encontramos novos esclarecimentos sobre essa dualidade de nomes:

O caso do meu nome é um longo episódio de que não disponho de tempo e condições para relacionar agora. Resumirei informando que entrei para o serviço público no Ministério da Agricultura em 1931, na condição de extranumerário, e o "Parnaso" foi lançado em 1932. Logo após o lançamento, a repartição em que eu trabalhava foi convidada por uma alta autoridade

35. Carlos Antônio Baccelli. *Chico Xavier: mediunidade e luz*. São Paulo: Ideal, 1989. [p. 28–29]

## CERTIDÃO DE INTEIRO TEOR

**Certifico que às Folhas 49 verso e 50, do Livro "A" 01, Assento n° 08**

## FRANCISCO CÂNDIDO XAVIER

Aos três dias do mês de Abril do ano de Mil Novecentos e dez, neste distrito de Pedro Leopoldo, Município de Santa Luzia do Rio das Velhas, no Estado de Minas Gerais, em meu cartório, perante mim, compareceu o cidadão João Cândido Xavier, brasileiro, Operário da Fábrica de Tecidos Cachoeira Grande, neste distrito, pessoa minha conhecida e das testemunhas abaixo mencionadas e assinadas e na presença das quais por ele me foi declarado que, uma hora da noite para amanhecer o dia dois de abril do corrente, em casa de sua residência, à rua da Matriz, na sede deste distrito, nasceu uma criança de cor morena, de sexo masculino e que desde já tem o nome de Francisco; que o recém-nascido é filho legítimo dele declarante de sua mulher Dona Maria de São João de Deus e é neto paterno de Vicente Pinto e Dona Joaquina Cândida Xavier e pelo lado materno de José da Rocha e Dona Francelina Gomes. Do que para constar lavro o presente que comigo assinam o declarante com as testemunhas José Antônio Pereira e Joaquim Gonçalves Bahia. Eu, Belmiro Ferreira Santos, Escrivão, escrevi.
Seguem assinaturas de: Belmiro Ferreira Gomes, João Cândido Xavier, José Antônio Pereira e Joaquim Gonçalves Bahia.
**AVERBAÇÃO:** Mandado de Averbação. Dr. Levy Toffalini, Juiz de Direito da Comarca de Pedro Leopoldo, na forma da Lei, etc. Mando ao Of. Reg. Civil do distrito desta cidade, Sr. Levy Teixeira da Costa, que em cumprimento ao presente Mandado, expedido nos autos de carta Precatória, da 2ª Vara da Comarca de Uberaba(MG), passada a requerimento de Francisco Cândido Xavier, ora em diligência nesta Comarca de Pedro Leopoldo(MG), se proceda a margem do registro n° 08, fls. 48 V., Livro 01, onde está o nascimento de Francisco de Paula Cândido, fique constando Francisco Cândido Xavier, de conformidade com a Sentença proferida pelo Dr. Fábio Teixeira Rodrigues Chaves, Juiz de Direito da 2ª Vara da Comarca de Uberaba(MG), nos autos de Retificação de nome, em 28/04/1.966. Cumpra-se na forma da Lei. Dado e passado nesta cidade de Pedro Leopoldo(MG), aos 23/05/1.966. Eu (as) Ricardo Homem Bahia, Escrivão Substituto, 2° Oficio o datilografei e subscrevi-as-Levy Toffalini – Juiz de Direito. Era o que continha o documento com referência a retificação. Eu Iracema Viana, Escrivã Substituta, escrevi e assino. Pedro Leopoldo(MG), 26/05/1.966. Iracema Viana.
**ANOTAÇÃO** de Falecimento aos 30/06/2.002. Livro 86 "C", Fls. 15 Verso, Assento 68.421 em Uberaba(MG).

**O REFERIDO É VERDADE E DOU FÉ.**
**PEDRO LEOPOLDO /MG.**, 23 de Julho de 2.007.

BEL. CARLA FÁTIMA DA SILVA LANA
OFICIAL DO REGISTRO CIVIL
PEDRO LEOPOLDO - MG

Rua Dr. Herbster, 298 • Centro • Pedro Leopoldo • MG • Cep 33.600-000 • Telefax: (31) 3661 -1624
registrocivil@cyberpl.com.br • Bel. Carla Fátima da Silva Lana • Oficial do Registro Civil
Válido em todo território nacional, qualquer adulteração ou rasura invalida este documento.

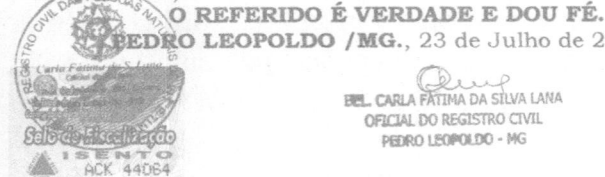

Certidão de nascimento de Francisco de Paula Cândido, contendo a alteração de nome para Francisco Cândido Xavier.

católica a me exonerar compulsoriamente das atividades que começara a exercer, mas, nesse tempo, meu chefe de trabalho compreendeu que a minha situação era muito difícil na sustentação de meus deveres, reconhecendo, ao mesmo tempo, que não lhe seria conveniente resistir a uma ordem partida de um setor que ele não se sentia com forças para contrariar; deliberou ele, assim, de acordo comigo (que precisava do trabalho) a mudar meu nome, em novo registro, no qual a palavra "Xavier" não aparecesse. Para não perder a oportunidade de trabalhar, passei a chamar-me "Francisco de Paula Cândido". Isso acomodou as dificuldades contra mim. Trabalhei de 1931 a 1961 com esse nome, aposentando-me em janeiro de 1961. Tendo de viajar para o Exterior, em 1964, um processo na justiça restabeleceu meu nome "Francisco Cândido Xavier" como sendo o meu nome legal. Íamos movimentar o assunto no Ministério da Agricultura, mas um amigo experiente do serviço público sugeriu deixar o caso sem alteração no Ministério, porque uma petição de minha parte poderia encontrar inimigos fanáticos da doutrina espírita, com possibilidade de congelar os meus vencimentos de aposentado por tempo indeterminado e como esses vencimentos me fariam falta, se isso viesse a suceder, a dualidade de nomes permaneceu.[36]

Mesmo considerando as inúmeras dificuldades de registrar as crianças naquela época, seja pela falta de informação ou pela ausência de um cartório na localidade,

---

36.    Francisco Cândido Xavier. Carta de 31 de agosto de 1978.

encontramos o registro de seu nascimento em um antigo livro do cartório em Pedro Leopoldo, onde pudemos constatar que o pai João Cândido Xavier compareceu no dia 3 de abril de 1910 para registrar o filho com o nome de Francisco de Paula Cândido. Curiosamente, o sobrenome Xavier não tinha sido registrado.

Sobre o pai, Chico Xavier faz um importante, e interessante, depoimento:

> O meu pai era um homem muito severo; convivi pouco com ele, mas ele me marcou muito... Hoje, compreendo que tive o pai que precisava ter. Se eu tivesse tido moleza, não sei o que teria sido de mim... Não sou adepto da violência, mas aprendi que sem disciplina criança alguma vira gente... Tínhamos muito medo do meu pai. A gente andava miudinho... Médium que cresce sem dificuldade, sem luta, não se retempera para continuar na tarefa. Nesse sentido, devo muito ao meu pai. Ele me combatia, mas, por outro lado, não me consentia a irresponsabilidade; ele não ia ao centro, mas queria saber se eu tinha ido... Apenas nos seus últimos tempos é que houve uma maior aproximação entre nós. Ele não dizia, no entanto, eu lia nos olhos dele o seu desejo de se desculpar comigo... Nunca tivemos a conversa que, com certeza, um dia ainda haveremos de ter!...[37]

37. Carlos Antônio Baccelli. *O evangelho de Chico Xavier*. Votuporanga: Didier, 2000. [p. 77]

Alguns integrantes da família Xavier em 1929, entre eles Cidália Batista Xavier, a segunda mãe de Chico Xavier. Adultos, da esquerda para a direita: Nelson Pena (cunhado), Carmozina Xavier Pena (irmã), Chico Xavier, João Cândido Xavier (pai), no colo João Cândido Filho (irmão), Cidália Batista Xavier (madastra), no colo Doralice Xavier (irmã), Geralda Xavier (irmã), Jacy Pena (cunhado), Maria da Conceição Xavier Pena (irmã). Crianças, da esquerda para a direita:

Neuza Xavier (irmã), Mauro Pena (sobrinho, filho de Nelson e Carmozina), Dorita (ajudante da casa da família Xavier, no colo Elma, filha de Carmozina), Nelma Pena (sobrinha, filha de Nelson e Carmozina), Lucília Xavier (irmã), Cidália Xavier (irmã), André Luiz Xavier (irmão). De acordo com as nossas pesquisas, a família estava reunida para o casamento de Tiquinha e Jacy Pena. [Acervo: Casa de Chico Xavier. Fotografia cedida por Eleutério Nunes de Souza Netto (Lelo), de São Bernardo do Campo, SP]

Segundo a oficiala de Registro Civil Carla Fátima da Silva Lana, da comarca de Pedro Leopoldo, a forma padrão para lavratura dos assentos de nascimento naquela época era, no *caput*, registrar o nome completo da criança para no meio do texto colocar apenas o primeiro nome. Nesse mesmo livro também consta, em 1966, a solicitação de Chico Xavier da alteração oficial do seu antigo nome Francisco de Paula Cândido para Francisco Cândido Xavier. De acordo com o seu sobrinho-neto, Sérgio Luiz Ferreira Gonçalves, Chico teria desejado a alteração do seu nome para Francisco de Paula Cândido Xavier, o que não aconteceu e para não prolongar nessa decisão permaneceu em silêncio por sugestão do seu benfeitor Emmanuel.

Pelas pesquisas efetuadas somos levados a deduzir que Chico Xavier, ou simplesmente Chico, como era carinhosamente tratado pelos seus conterrâneos, cresceu entendendo que o seu sobrenome seguia o mesmo sobrenome dos seus irmãos e do seu pai. No final da década de 1920, e início de 1930, por exemplo, tivemos acesso ao seu diário pessoal e muitos outros documentos nos quais ele já assinava usando os seguintes nomes: Francisco Cândido Xavier e, principalmente, Francisco Xavier.

Entre 1927 e 1931, na fase considerada de experimentação de sua mediunidade, podemos perceber que Chico Xavier, não tendo clareza de suas percepções mediúnicas, e, portanto, não conseguindo identificar os Espíritos comunicantes que se expressavam por seu intermédio, costumava assinar no final de algumas mensagens com "F. Xavier". Creio que como um recurso estratégico para evitar qualquer publicidade em torno do seu nome, pois intimamente reconhecia que os poemas psicografados não lhe pertenciam, e pelo fato de não haver despendido nenhum esforço intelectual em sua construção.

Definir exatamente o momento em que Chico Xavier percebeu como teria sido registrado demandaria outra pesquisa, mas podemos levantar algumas hipóteses, como por exemplo quando o menino Chico teve que apresentar alguma documentação para entrar na então Companhia Industrial Belo Horizonte (Fábrica de Tecidos), ou talvez quando recorreu ao cartório para registrar o recém-fundado Centro Espírita Luiz Gonzaga, ou mesmo quando da cessão dos direitos autorais do *Parnaso de além-túmulo* para a Federação Espírita Brasileira e, finalmente, quando teve que providenciar os documentos para a sua efetivação como servidor público federal na Fazenda Modelo. Nesse último caso, temos a sua ficha de ingresso funcional já constando o nome Francisco de Paula Cândido.

Independentemente da época que ele tenha percebido o nome que foi registrado em cartório, resolveu manter, extraoficialmente, o nome Francisco Cândido Xavier até 1966, porquanto já estava socialmente conhecido e consolidado.

De qualquer forma, em todos esses anos, falar em Francisco de Paula Cândido ou Francisco Cândido Xavier é falar em Chico Xavier, o Chico, filho de João Cândido Xavier e Maria de São João de Deus.

João Cândido Xavier, pai de Chico Xavier.
[Acervo: Casa de Chico Xavier]

FALAR EM FRANCISCO
DE PAULA CÂNDIDO OU
FRANCISCO CÂNDIDO
XAVIER É FALAR EM
CHICO XAVIER, O CHICO,
FILHO DE JOÃO CÂNDIDO
XAVIER E MARIA DE
SÃO JOÃO DE DEUS.

# RUA DE SÃO SEBASTIÃO

# 3

*Ah, quem me dera ter de novo a Rua São Sebastião ainda descalça, com seus postes de iluminação de lâmpadas fracas, o cachorro Lorde de José Xavier dormindo no passeio da casa de João Cândido, as meninas-moças cantando cantigas de roda – e Chico Xavier, com o brilho de muitas estrelas no olhar, distribuindo ternura e esperanças nas noites.*

José Issa Filho. *Coisas do reino de Pedro Leopoldo 2*. Pedro Leopoldo: Tavares, 1996. [p. 23]

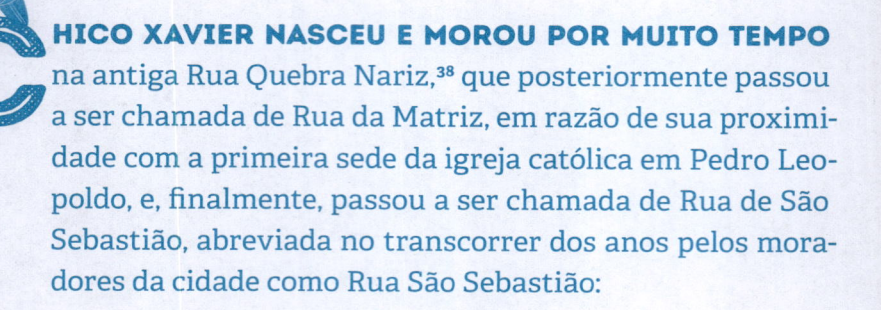

**C**HICO XAVIER NASCEU E MOROU POR MUITO TEMPO na antiga Rua Quebra Nariz,[38] que posteriormente passou a ser chamada de Rua da Matriz, em razão de sua proximidade com a primeira sede da igreja católica em Pedro Leopoldo, e, finalmente, passou a ser chamada de Rua de São Sebastião, abreviada no transcorrer dos anos pelos moradores da cidade como Rua São Sebastião:

> A Rua Quebra Nariz (naquele tempo), hoje São Sebastião, devido ter sido o leito das lagoas e charcos, naquela ocasião, foi ocupada por pessoas muito pobres, que ali construíram, respeitando o alinhamento, verdadeiros barracões, ora cobertos de telhas, ora cobertos de zinco e muitos deles do próprio capim das choupanas.[39]

De acordo com discurso de Chico Xavier, de 19 de fevereiro de 1972, ao receber o título de cidadão da cidade de Ribeirão Preto, podemos observar que o atual nome "Rua de São Sebastião" foi sugerido pelo seu próprio pai, João Cândido Xavier.

Confira como o pai de Chico Xavier sugeriu o nome da Rua São Sebastião.

---

38. Segundo o pedroleopoldense José Issa Filho, esse nome surgiu porque moradores da rua, alterados pelo consumo de bebida alcoólica, ao passarem por ela, uma rua irregular, costumavam cair e machucar, principalmente, o nariz. A rua também era palco de brigas e discussões constantes.

39. Elysio Alves Gonçalves Ferreira. *A verdadeira história da origem de Pedro Leopoldo*. Pedro Leopoldo: [s.n.], [s.d.]. [p. 37]

De acordo com as pesquisas, e desconsiderando o período que Chico residiu com sua madrinha, Rita de Cássia, de 1915 a 1917, aproximadamente, o médium morou em quatro residências na cidade de Pedro Leopoldo: de 1910 a 1918, aproximadamente, onde hoje se encontra o Centro Espírita Luiz Gonzaga [vide foto à página 53]; de 1918 a 1948, residiu com os familiares do primeiro e segundo casamentos de seu pai na também Rua de São Sebastião, quase em frente ao antigo endereço [vide fotos às páginas 81 e 87]; de 1948 a 1950, aproximadamente, mesmo com a casa acabada, passou a morar com sua irmã Maria Luiza Xavier [vide foto à

**Alguns moradores da Rua de São Sebastião nos anos 1920. [Acervo: Arquivo Geraldo Leão]**

página 88]; de 1950 a 1959, em razão do casamento de uma de suas sobrinhas, passou a residir mais regularmente na casa construída nos fundos da casa de sua irmã Maria Luiza Xavier [vide foto à página 88].

Na década de 1940, Chico Xavier morou com alguns de seus irmãos e sobrinhos, entre eles as irmãs Lucília e Doralice Xavier, do segundo casamento. Logo depois do casamento de Lucília, Chico foi morar na Rua Comendador Antônio Alves, na casa onde residia a sua irmã Maria Luiza Xavier, e onde, mais tarde, no fundo do mesmo terreno, construiu uma casa com a ajuda de amigos e parentes (hoje Rua Pedro José da Silva, 67),[40] permanecendo nessa residência até 4 de janeiro de 1959.[41]

Em 1948, numa carta dirigida ao então presidente da FEB, Antônio Wantuil de Freitas, Chico Xavier fala dessa mudança:

---

40. O repórter Clementino de Alencar, chegando a Pedro Leopoldo, e depois de se acomodar no Hotel Diniz, resolveu dar uma volta pelas poucas ruas da cidade e observou que as casas não tinham número. Inquirindo o fato aos moradores eles responderam que não havia necessidade, pois todos eram conhecidos.

41. Numa feliz iniciativa, o empresário Geraldo Lemos Neto adquiriu, revitalizou e disponibilizou a casa para visitação pública. Em 2 de abril de 2006, foi inaugurada a Casa de Chico Xavier, contendo todas as suas obras psicografadas e muitas biográficas. Hoje, a casa integra o roteiro turístico "Caminhos de Luz Chico Xavier", instituído pela Fundação Cultural Chico Xavier de Pedro Leopoldo.

Conheça o roteiro "Caminhos de Luz Chico Xavier".

Rua de São Sebastião na década de 1940.
[Acervo: Arquivo Geraldo Leão]

Residência de Chico Xavier por 30 anos,
aproximadamente – 1918 a 1948.
[Do livro *Romaria da graça*, [s.d.t.]]

> [...] Foi realizado no dia 31 [...] o casamento de minha irmã Lucília com o Sr. Waldemar Silva [...] Essa é a última das minhas irmãs fadadas ao casamento, porque a que fica solteira, presentemente, é semiparalítica. Entreguei-lhes a nossa antiga moradia e passarei a residir noutra casa, ao lado de uma das minhas irmãs mais velhas. Assim estarei em condições de atender à nossa família humana, cujos membros aumentam sempre.[42]

Vale destacar ainda que em 1918, por razões financeiras, João Cândido Xavier foi obrigado a se desfazer da casa onde nasceu Chico Xavier e na troca passou a ocupar um lote na mesma rua, quase em frente ao antigo endereço. Da antiga casa da Rua de São Sebastião, 55, mudou-se para a Rua de São Sebastião, 70. No final da década de 1930, e início de 1940, a antiga casa foi completamente reformada com a ajuda de amigos de Pedro Leopoldo e até mesmo de outros estados.[43]

Todos os depoentes contemporâneos e vizinhos de Chico Xavier, na Rua de São Sebastião, lembram com saudades da alegria contagiante da numerosa família Xavier:

---

42. Suely Caldas Schubert. *Testemunhos de Chico Xavier*. Rio de Janeiro: FEB, 1986. [p. 203]
43. Vide revista *Reformador* de dezembro de 1943, da FEB, fundada em 21 de janeiro de 1883 na cidade do Rio de Janeiro.

João Cândido, pai de Chico Xavier, era um bom violeiro. Suas filhas tinham vozes bonitas. Os moradores da Rua de São Sebastião gostavam das serenatas que eles faziam. Muitas vezes, menino ainda, acordei com aquelas gostosas serenatas... Quando já estava velho, João Cândido passou a vender bilhetes de loteria. E ficava insistindo com Chico, creio que por brincadeira (algumas pessoas achavam que havia no caso uma pitadinha de arteriosclerose), para que ele conseguisse que um de seus amigos do além lhe soprasse o número do bilhete que ia sair premiado: "O que adianta o menino ficar com esse trabalho todo, perdendo noites de sono, sem tempo para uma namorada, se essa gente do outro lado não lhe dá ajuda para sair da pobreza?" E Chico respondia que os Espíritos não eram adivinhos, não tinham poder para fazer o que ele estava querendo. Mas quando conhecesse o Espírito de uma cartomante, ia negociar com ela. E saía dando boas risadas...[44]

Dessa mesma rua, José Issa Filho recorda ainda da famosa e antiga "venda" de José Felizardo Sobrinho, onde Chico trabalhou por quase 10 anos, e as razões do apelido "Juca Bicheiro":[45]

---

**44.** José Issa Filho. *Coisas do reino de Pedro Leopoldo 2*. Pedro Leopoldo: Tavares, 1996. [p. 25]

**45.** Segundo o memorialista Geraldo Leão, a "venda" de José Felizardo Sobrinho teria se instalado, inicialmente, na antiga Rua Ferreira e Mello, atual Rua Comendador Antônio Alves, para depois se transferir para a Rua de São Sebastião.

Não havia em nossa rua um único homem de mais de trinta anos que não gostasse de uns tragos de pinga. Talvez bebessem por não ter onde se divertirem. Os que bebiam menos tomavam um cálice de cachaça antes do almoço, um cálice antes do jantar, outro à noite. E quando iam beber, diziam que iam matar o bicho ou que iam tomar um mata-bicho. E foi por isso que José Felizardo, dono de uma pequena venda na Rua de São Sebastião, onde os fregueses tomavam seus cálices de pinga, ficou com o apelido de Juca Bicheiro. Juca Bicheiro porque vendia mata-bicho, e não porque bancasse o jogo do bicho, que naquela época ainda não fazia parte de nosso cotidiano.[46]

Consultando alguns biógrafos e os arquivos do memorialista Geraldo Leão, o padrinho de Chico Xavier, José Felizardo Sobrinho, casou-se com a conhecida Rita de Cássia, adotando temporariamente o menino Chico Xavier, um tempo depois da morte de sua mãe. A nova família de Chico residiu na antiga Rua da Cadeia (hoje Rua Romero Carvalho).

Posteriormente, com a desencarnação de Rita de Cássia, por volta de meados da década de 1920, José Felizardo Sobrinho se consorciou com Júlia Antônia de Carvalho, indo morar na Rua de São Sebastião.

Sobre o período que Chico Xavier morou com Rita de Cássia, segue um esclarecedor depoimento de Jovelina Alice Emiliano (filha de José e Juventina Emiliano), publicado

---

46. José Issa Filho. *Coisas do reino de Pedro Leopoldo 2*. Pedro Leopoldo: Tavares, 1996. [p. 22–23]

pela *Folha Espírita* em 1977, em uma edição comemorativa dos 50 anos de mediunidade de Chico Xavier:

Naquela época, mamãe morava na antiga Rua da Cadeia, hoje Romero de Carvalho. O Chico era menino ainda, foi logo depois que sua mãe morreu, ele foi morar com a madrinha, que era vizinha de mamãe. O quintal dividia a nossa casa com aquela em que ele morava e era separado por uma cerca. Dona Rita, a madrinha, era um pouco nervosa. O menino tinha de ajudar em tudo dentro de casa, como se fosse gente grande. Muitas vezes, ele ia com minha mãe buscar lenha e arrumava tudo. Minha mãe ficava admirada de ver... toda criança gosta muito de dinheiro, mas Chico não era assim. Todo o dinheirinho que ele conseguia ganhar ele ia até à ponte, ali perto da fábrica, jogava dentro do rio, pedindo à alma da mãe dele que viesse buscá-lo, porque estava sofrendo muito. Minha mãe gostava muito de Chico. Antes do seu falecimento, quando os dois se encontravam, era aquela festa! Mamãe relembrava também o caso da ferida da perna de um garoto que Dona Rita criava. Foi dito que se alguém passasse a língua no lugar a ferida cicatrizava. Então a madrinha exigiu que o Chico fizesse isso. Na casa também sempre havia pouca comida para o Chico. Minha mãe contava que muitas vezes, através da cerca, ela passava biscoito, pedaço de pão ou alguma outra espécie de comida, e ela dizia: "Chico, come depressa e depois põe uma folha de goiaba na boca, para quando sua madrinha chegar não ficar brava. Lava bem a boca, Chico, para ela não perceber que você comeu..." Quando nós já estávamos mais crescidas, e

> o Chico trabalhava no armazém do Seu Juca, ele riscava borda-
> dos para nós, auxiliava a gente em alguns pontos mais difíceis.
> Ele sempre foi essa mansidão que é hoje.[47]

Por volta de 1917, depois dessa difícil e dolorosa experiência, Chico Xavier se reuniu novamente com os seus irmãos sob o amparo de Cidália Batista Xavier até 1931. Posteriormente, com a morte da sua "segunda mãe", expressão carinhosamente utilizada pelo Chico, além da promessa efetuada e das experiências traumáticas por que passou na infância, resolveu assumir a responsabilidade de cuidar de todos os seus irmãos menores e de alguns sobrinhos, permanecendo com esse compromisso mais direto até 1948, quando transferiu sua residência para a casa de sua irmã Maria Luiza Xavier.

De acordo com depoimentos de alguns familiares e em razão da grande afinidade entre os dois irmãos, arriscaria a dizer que Maria Luiza Xavier passou a representar para Chico a sua "terceira mãe". É o que podemos depreender de um trecho de uma carta enviada pelo Chico a mim em 10 de setembro de 1985:

> A sua paciência com as minhas faltas involuntárias, deixando
> de enviar as minhas notícias, via postal, muito me enternece

---

47. *Folha Espírita*. São Paulo, dezembro de 1977. Edição especial comemorativa dos 50 anos de mediunidade de Chico Xavier. [p. 10]

Residência de Chico Xavier por 30 anos, aproximadamente.
A antiga casa passou por uma reforma no início dos anos 1940.
[De *Reformador*, dezembro de 1943, p. 17]

e peço a você perdão por isso. Sucede que a desencarnação de minha irmã Luiza, com a qual sempre vivi com extrema afinidade, me trouxe um complexo emocional sobre o meu antigo problema dos olhos, cujas deficiências se agravaram.[48]

Diria que com a desencarnação de sua irmã, em 1985, Chico Xavier, em seus 75 anos de idade, nunca mais voltou a ter a mesma saúde e disposição, o que desencadeou, a partir daí, uma debilidade orgânica progressiva até o seu desenlace.

---

48. Francisco Cândido Xavier. Carta de 10 de setembro de 1985.

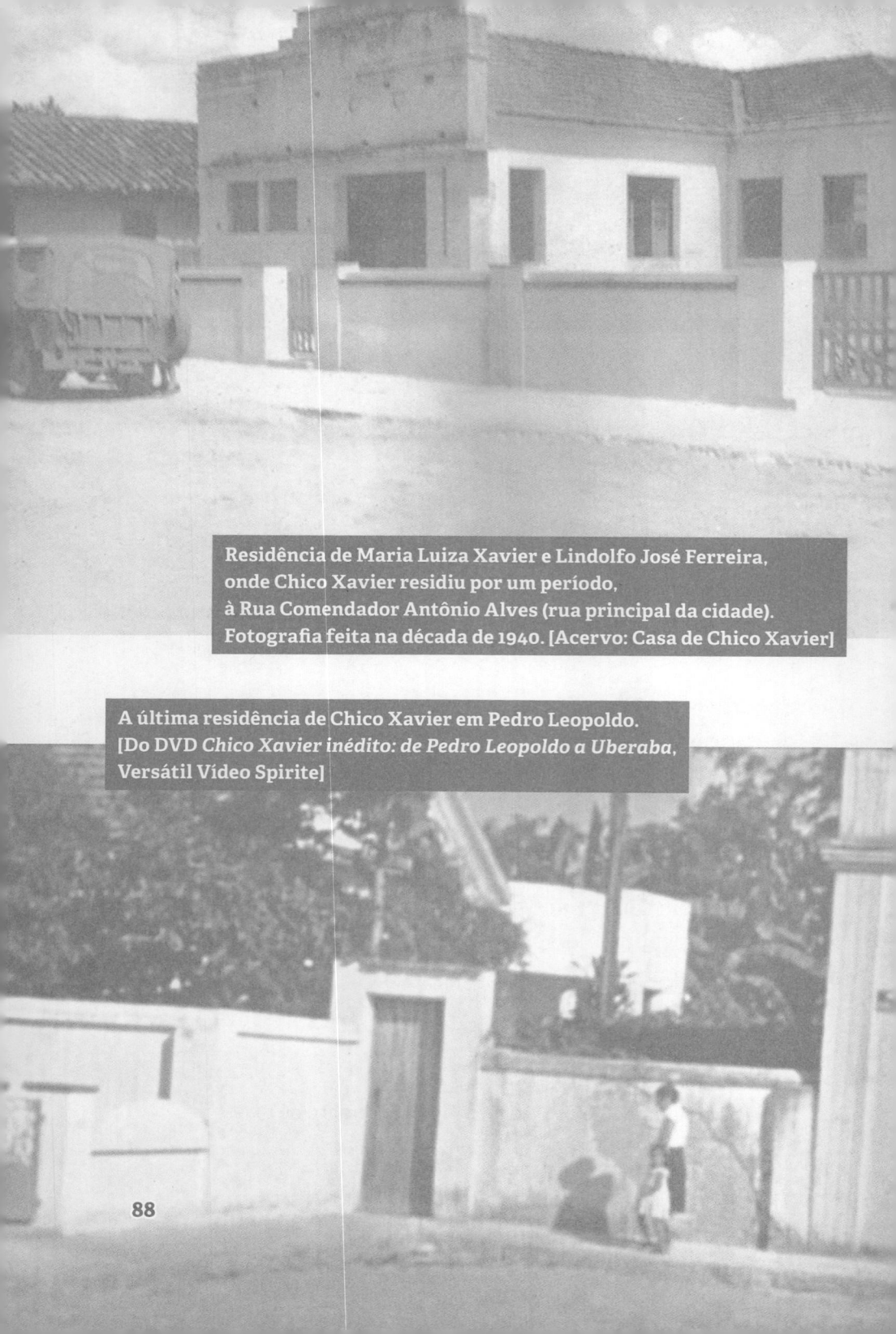

Residência de Maria Luiza Xavier e Lindolfo José Ferreira,
onde Chico Xavier residiu por um período,
à Rua Comendador Antônio Alves (rua principal da cidade).
Fotografia feita na década de 1940. [Acervo: Casa de Chico Xavier]

A última residência de Chico Xavier em Pedro Leopoldo.
[Do DVD *Chico Xavier inédito: de Pedro Leopoldo a Uberaba*,
Versátil Vídeo Spirite]

Chico Xavier, José Felizardo Sobrinho (Juca Bicheiro)
e o repórter Clementino de Alencar, em 1935.
[Do livro *Notáveis reportagens com Chico Xavier*, p. 80]

Chico Xavier caminhando pelas ruas de Pedro Leopoldo.
[Do livro *Chico Xavier: um doce olhar para o além*, p. 23]

CHICO XAVIER NASCEU E MOROU POR MUITO TEMPO NA ANTIGA RUA QUEBRA NARIZ, QUE POSTERIORMENTE PASSOU A SER CHAMADA DE RUA DA MATRIZ, EM RAZÃO DE SUA PROXIMIDADE COM A PRIMEIRA SEDE DA IGREJA CATÓLICA EM PEDRO LEOPOLDO, E, FINALMENTE, PASSOU A SER CHAMADA DE RUA DE SÃO SEBASTIÃO, ABREVIADA NO TRANSCORRER DOS ANOS PELOS MORADORES DA CIDADE COMO RUA SÃO SEBASTIÃO.

# GRUPO ESCOLAR DE PEDRO LEOPOLDO

**4**

Começarei por dizer-lhe que sempre tive o mais pronunciado pendor para a literatura; constantemente, a melhor boa vontade animou-me para o estudo. Mas estudar como? Matriculando-me, quando contava oito anos, num grupo escolar, pude chegar até o fim do curso primário, estudando apenas uma parte do dia e trabalhando numa fábrica de tecidos, das quinze horas às duas da manhã; cheguei quase a adoecer com um regime tão rigoroso; porém, essa situação modificou-se em 1923, quando então consegui um emprego no comércio, com um salário diminuto, onde o serviço durava das sete às vinte horas, mas onde o trabalho era menos rude, prolongando-se essa minha situação até os dias da atualidade.

Nunca pude aprender senão alguns rudimentos de aritmética, história e vernáculo, como o são as lições das escolas primárias. É verdade que, em casa, sempre estudei o que pude, mas meu pai era completamente avesso à minha vocação para as letras, e muitas vezes tive o desprazer de ver os meus livros e revistas queimados.

Jamais tive autores predifetos; aprazem-me todas as leituras e mesmo nunca pude estudar estilos dos outros, por diferençar muito pouco essas questões. Também o meio em que tenho vivido foi sempre árido, para mim, nesse ponto. Os meus familiares não estimulavam, como verdadeiramente não podem, os meus desejos de estudar, sempre a braços, como eu, com uma vida de múltiplos trabalhos e obrigações, e nunca se me ofereceu ocasião de conviver com os intelectuais da minha terra. O meu ambiente, pois, foi sempre alheio à literatura; ambiente de pobreza, de desconforto, de penosos deveres, sobrecarregado de trabalhos para angariar o pão cotidiano, onde se não pode pensar em letras.

Francisco Cândido Xavier; Espíritos diversos. *Parnaso de além-túmulo*. Rio de Janeiro: FEB, 1932. [p. 31–32]

**A** PESQUISADORA MAGALI OLIVEIRA FERNANDES, EM seu livro *Chico Xavier: um herói brasileiro no universo da edição popular*,[49] afirma que ao estudar o mineiro pedroleopoldense Chico Xavier observou, a partir de um caderno de anotações usado da antiga "venda" do José Felizardo Sobrinho, que o próprio Chico, em meados da década de 1920, mesmo sem uma formação acadêmica adequada, tinha por hábito recortar e colar poemas, fotografias e informações que confirmam, desde muito cedo, o seu pendor e o interesse pela literatura.

No belíssimo livro lançado pelo Vinha de Luz – Serviço Editorial da Casa de Chico Xavier, intitulado *Chico Xavier: o primeiro livro*, podemos observar que, além da sensibilidade mediúnica, o então adolescente Chico Xavier já apresentava uma alma poética e procurava registrar em seu diário, em forma de poesias, suas angústias, crenças, alegrias e lutas decorrentes de um período de grandes conflitos pessoais e de muitas privações materiais.

Segue para apreciação do leitor dois sonetos escritos pelo próprio Chico, extraídos do seu diário pessoal.

O primeiro encontra-se à página 58:

---

49.  Magali Oliveira Fernandes. *Chico Xavier: um herói brasileiro no universo da edição popular*. São Paulo: Annablume, 2008. [p. 145–162]

### O sino

*Ó sino, que plangeis nas tardes voluptuosas,*
*Acordando em meu peito amargas sensações,*
*Sois o mesmo cantor de estrofes vaporosas*
*Nas manhãs festivais de rutilos clarões!*

*Bem sabeis transmitir alegrias pomposas*
*E tristezas sem par, derramando aflições,*
*Numa tarde outonal, esfolhando-se as rosas*
*Entre mistos de dor, de febris orações!*

*Mas ó, sino cantor, eu vos amo mais ainda*
*Numa tarde a morrer evocativa e linda,*
*Numa tarde de flor, num poente tristonho;*

*Porque na vossa voz entristecida e incerta*
*Lembrais uma alma triste, igual a mim, deserta,*
*Desiludida, enfim, dos êxtases de um sonho!*[50]

O segundo poema foi também escrito quando o Chico tinha apenas dezoito anos, expressando seus medos e angústias de um típico adolescente, e encontra-se à página 62 da referida obra:

---

**50.** Francisco Cândido Xavier; Espíritos diversos; Geraldo Lemos Neto (org.); Sérgio Luiz Ferreira Gonçalves (org.). *Chico Xavier: o primeiro livro.* Belo Horizonte: Vinha de Luz, 2010. [p. 58]

### O mar

*Ó mar, estranho mar, gigante insatisfeito,*
*Tu tens o coração em múltiplas crateras,*
*Que explodem sem cessar no âmago do peito,*
*Do teu estranho peito, eterno de outras eras!*

*Na tua onipotência és único, perfeito!*
*Tu tens mil mansidões e tens mil sanhas feras;*
*No grito aterrador revelas o teu feito,*
*As cruzadas triunfais das títeres galeras!*

*Quando ruges feroz em meio das tormentas,*
*Sustentas lutas mil, batalhas incruentas,*
*E eu sinto-me irmanado à tua dor sombria!*

*Porque minh'alma assim é um mar todo revolto,*
*Meu triste coração é um pobre batel solto,*
*Sem norte a navegar pela maré bravia!...*[51]

Sobre esse pendor literário, o próprio pedroleopoldense e odontólogo José Issa Filho fala de uma experiência curiosa, quando no exercício de sua função, ao atender Chico Xavier em seu consultório:

---

51. *Ibidem.* [p. 62]

Chico apareceu algumas vezes no meu gabinete para tratar de dente. Um dia, em que ele estava na sala de espera, eu lhe disse para ler um soneto de uma das páginas da revista "O Cruzeiro" que estava sobre a mesinha. Não me lembro do nome do soneto nem do poeta; mas sei que era um bonito soneto de amor à vida. Uns dez minutos depois, acabei de obturar o dente da cliente que estava na cadeira e chamei Chico. Ele entrou e se assentou. Prendi o guardanapo de papel no seu pescoço e coloquei as ferramentas no esterilizador. E aí ele começou a recitar o tal soneto. E seguiu recitando-o com tranquilidade, como se o estivesse lendo na página da revista. E eu fiquei escutando de boca aberta, sem querer acreditar no que estava vendo. Mas ele estava sentado na minha cadeira de dentista, com o guardanapo no peito, repetindo, sem o menor esforço, as palavras do soneto, seguindo com mestria as pausas da pontuação. Quando ele chegou ao fim do soneto, eu disse: "Chico, meu filho, que coisa mais doida é essa?"... E ele deu uma daquelas risadas soltas, de pessoa de bem com a vida, muito conhecida de todos nós. Fiquei muitos dias impressionado com aquilo. Pode ser que no meio de tudo isso houvesse algum Espírito desencarnado em brincadeira de telepatia. Sei lá! Se havia, estava de parceria com Chico, e Chico não me contou. Um soneto consta de catorze versos, distribuídos em dois quartetos e dois tercetos. Nos dez minutos em que Chico ficou na sala de espera do meu gabinete, eu não seria capaz de decorar um só daqueles tercetos. Quando me lembro de Chico recitando aquele soneto, digo comigo que aquilo foi mais uma das muitas coisas que me deixaram pasmado no alegre reino de Pedro Leopoldo, terra de comovedores encantamentos, sendo o mais sublime de todos eles a chegada a uma casa humilde da Rua de São Sebastião, no dia 2 de abril de 1910, do filho de João Cândido Xavier e Maria de São João de Deus.[52]

E para não deixar dúvidas sobre a honestidade e since-ridade de propósitos em relação à sua faculdade mediúnica, em outro momento ele esclarece:

Lembro-me de Chico Xavier ainda jovem, na casa dos vinte e dois anos, a cabeleira farta e ondulada, o riso constante, os olhos cheios de luz, a voz suave, os sapatos sempre desamar-rados, os bolsos do paletó inchados de papéis. Nessa época, ele já andava perfumado como hoje. Chico sempre gostou de um perfume [...] Chico era um rapaz inteligente, alegre, espi-rituoso e de uma memória prodigiosa. Não pensem que estou dizendo isso com intenção de deixar dúvida sobre seu dom de médium psicógrafo. Longe de mim tal intenção. Acho até que os escritores do além, que querem comunicar-se com os vivos, devem preferir um médium inteligente, mais sensível, ao invés de um Zé Pereba qualquer, que não sabe qual a sua mão direita. Além disso, há mais de sessenta anos Chico vem afirmando que apenas empresta sua mão a quem está do lado de lá para que se comunique com o lado de cá. Não há o que discutir. Se ele afirma isso, ele é que sente, ele é que sabe.[53]

52.  José Issa Filho. *Coisas do reino de Pedro Leopoldo 2*. Pedro Leo-poldo: Tavares, 1996. [p. 309–310]
53.  *Ibidem*. [p. 309]

O próprio Chico, em sua sincera humildade, sempre procurou se colocar como o último dos mortais. Uma precaução tomada desde o início do exercício mediúnico para não cair nas muitas ciladas armadas pela vaidade humana. No prefácio do primeiro livro psicografado, *Parnaso de além-túmulo*, ele já havia dito que não vinha ao campo da publicidade para fazer um nome, porque a dor há muito já o havia convencido da inutilidade dessas "bagatelas que são ainda tão estimadas neste mundo".[54]

Entretanto, investigando as produções biográficas sobre Chico Xavier, observo que muitos companheiros espiritistas procuraram destacar, exageradamente, uma suposta ignorância, sobretudo pelo fato de o Chico não ter uma formação acadêmica adequada. Talvez com a intenção de dar mais autenticidade ao fenômeno mediúnico que ao fenômeno humano.

Há muitos anos, nas "entrelinhas" do movimento espírita, principalmente em nossa região, circulava um conceito equivocado de que quanto mais ignorante o médium mais autêntico o fenômeno. Entretanto, nos dias de hoje, essa é uma afirmação que carece de sustentação, pois para ser o grande médium que Chico foi era preciso, primeiro, ser um grande homem.

54. Francisco Cândido Xavier; Espíritos diversos. *Parnaso de além-túmulo*. Rio de Janeiro: FEB, 1932. [p. 31]

Ranieri, no livro *Recordações de Chico Xavier*, sinalizou:

Os espíritas diziam por toda a parte, talvez para valorizar-lhe a mediunidade, que ele era simples, ignorante, quase analfabeto, e que Emmanuel sim é que era um grande Espírito... Desde o princípio vimos nele a criatura maravilhosa que é, sem, contudo, afastar as possibilidades de errar que ele possui como qualquer um de nós.[55]

E completa, mais adiante:

Aliás, nessa época, Chico era geralmente considerado pelos espíritas como simples, ignorante, analfabeto, atrasado, enquanto se exaltavam, exageradamente, os Espíritos que se comunicavam por ele. A sabedoria dos Espíritos era colocada no altar e, para servir de contraste, a ignorância do médium era focalizada com impiedade. Sentíamos que os espíritas ficavam aborrecidos quando nós dizíamos que, para receber os Espíritos que o Chico recebia, ele mesmo deveria de ser semelhante a eles. Fomos talvez o primeiro, em todo o Brasil, a dizer que Chico Xavier era Espírito elevado e talvez maior que Emmanuel. Isso por escrito, em jornal. Foi um escândalo. Ninguém admitia. Chico era simples, ignorante, analfabeto! – diziam eles.[56]

---

55.  R.A. Ranieri. *Recordações de Chico Xavier*. São Paulo: LAKE, 1976. [p. 27]
56.  *Ibidem*. [p. 32]

Todos os biógrafos afirmam que Chico Xavier teria estudado no conhecido Grupo Escolar São José. Entretanto, de acordo com a pesquisa, Chico estudou no então Grupo Escolar de Pedro Leopoldo, situado na antiga Rua Ferreira e Mello, atual Rua Comendador Antônio Alves, esquina com a Rua Dr. Herbster. Somente no final da década de 1920 o Grupo Escolar de Pedro Leopoldo passou a ser chamado de Grupo Escolar São José.

O terreno do novo prédio foi doado pela Câmara Municipal de Pedro Leopoldo, onde se situa a sede que hoje conhecemos na então Rua Dr. Herbster:

> No campo da educação, o Grupo Escolar São José foi, durante quase quatro décadas, a única escola primária de Pedro Leopoldo. O Grupo foi construído em 1906, durante o governo de Delfim Moreira (1907–1912), num terreno cedido pela Fábrica de Tecidos, na esquina da Rua Ferreira e Mello (hoje Comendador Antônio Alves) com Dr. Herbster.[57]

Entre a morte da mãe e a sua inserção no espiritismo houve a escola primária. Chico só pôde ir à escola de oito para nove anos. Em 1919, o mundo era outro. O trabalho tinha muito mais prioridade sobre os estudos. Entretanto, Cidália Batista Xavier, a "segunda mãe" de Chico, para

---

**57.** Marcos Lobato Martins. *Pedro Leopoldo: memória histórica.* 2. ed. Pedro Leopoldo: Câmara Municipal de Pedro Leopoldo, 2006. [p. 132]

cuidar dos nove filhos de João Cândido Xavier com a primeira mulher, e dos primeiros filhos que teve com o seu marido, tratou de organizar uma horta para angariar recursos para mandá-los e mantê-los na escola.

> Ajudava em tudo. Como eu precisava de amor! Eu ficava tão feliz carregando a bacia com roupas sujas, o balde com água, o balaio cheio de esterco, que eu ia buscar no campo! Com o dinheiro das verduras, pudemos comprar cadernos. Fui para a escola aos nove anos. A professora, Dona Rosária Laranjeira, era católica fervorosa, e tinha a virtude da caridade. [Depoimento de Chico Xavier a Mauro Santayana, publicado na *Folha de São Paulo* em 11 de julho de 1982, sob o título "O São Francisco dos Desesperados".][58]

58. Carlos Antônio Baccelli. *Chico Xavier: mediunidade e coração*. São Paulo: Ideal, 1985. [p. 32–33]

Grupo Escolar São José nos anos 1950. [Acervo: Arquivo Geraldo Leão]

Além da professora Rosária Laranjeira,[59] que Chico Xavier se refere com especial carinho em todos os seus depoimentos, nos apropriamos de seu discurso de agradecimento durante a segunda homenagem pública do povo de Pedro Leopoldo, no dia 15 de novembro de 1980, na inauguração da Praça Chico Xavier, lembrando de outras importantes educadoras em sua vida, como Alpha de Azevedo Caldas (D. Sinhazinha), Anna Alves de Almeida e Guida Viana.

De uma de suas professoras, Anna Alves de Almeida, encontramos, na obra *Chico Xavier: o primeiro livro*, uma belíssima mensagem endereçada ao seu ex-aluno Chico Xavier, datada de 9 de março de 1929:

---

59. Segundo Chico Xavier, Rosária Laranjeira desencarnou em Belo Horizonte por volta de 1956.

**Grupo Escolar de Pedro Leopoldo, onde Chico estudou de 1919 a 1923. [Acervo: Arquivo Geraldo Leão]**

**Meu amiguinho**

Queres para o teu livro de versos um autógrafo meu. Que fantasia! Contudo, ela me honra e eu sinto prazer em satisfazê-la, e o faço da seguinte forma:

Sê sempre independente no teu modo de agir e pensar. Defende o teu ideal, ainda que morras.

Sê leal, muito leal, embora só adquiras inimigos, porque a maior parte da humanidade prefere a hipocrisia e a bajulice – aquela lhe traz lucros e esta lisonjeia-a. Não copies a individualidade alheia, procura tu a tua própria. Procura enriquecer tua mentalidade, lendo tudo que achares te possa instruir. A instrução liberta o espírito e a ignorância o escraviza. A escravidão é a morte e a liberdade é a vida.

Não sejas fanático na tua crença para que ela seja pura.

Sê tolerante para com as faltas alheias porque hás de errar um dia. A intolerância parte sempre dos que mais erram. Tem a tua consciência limpa dos remorsos. Uma consciência pura suporta o maior revés. Crê em Deus porque esta crença conforta. Foge do caluniador. A calúnia é covardia e o covarde nada produz. Ama o nosso Brasil e faz desse amor o teu ideal. Sê forte para bem servi-lo e não te acobardes jamais! É o que te deseja quem muito te estima.[60]

---

60. Francisco Cândido Xavier; Espíritos diversos; Geraldo Lemos Neto (org.); Sérgio Luiz Ferreira Gonçalves (org.). *Chico Xavier: o primeiro livro.* Belo Horizonte: Vinha de Luz, 2010. [p. 35]

Entretanto, das cinco professoras presentes na vida de Chico Xavier podemos observar o carinho e a atenção que tinha para com Rosária Laranjeira:

> Na minha infância, encontrei naquela mestra uma segunda mãe; órfão que era, tinha muito amor a ela e a tudo que dizia. Lembro-me de que, antes de iniciar as aulas, sempre escrevia no quadro negro estas frases: "A liberdade é do tamanho do dever cumprido." "Só muito tarde é que se vê que não se amou bastante."[61]

Chico completou o 4.º ano do ensino fundamental (antigo ensino primário) em 1923, sendo aluno repetente nesse mesmo ano no Grupo Escolar de Pedro Leopoldo, em razão de sucessivas faltas, decorrentes do grande esforço efetuado na Fábrica de Tecidos, que ocasionou um enfraquecimento pulmonar, causado pela poeira do algodão.

E, mesmo assim, com tão pouco tempo de vida acadêmica formal, as lembranças nem sempre foram muito agradáveis, pois ele já sofria o que hoje denominamos de "*bullying*". É o que nós podemos observar nos escritos do Chico, em uma de suas cartas, endereçadas ao amigo Carlos Antônio Baccelli, datada de 23 de maio de 1985:

---

**61.** Romeu Grisi; Gerson Sestini. *Inesquecível Chico*. São Bernardo do Campo: GEEM, 2008. [p. 164]

Professora Alpha de Azevedo Caldas.
[Acervo: Arquivo Geraldo Leão]

Professora Guida Viana.
[Acervo: Arquivo Geraldo Leão]

> Na escola, no curso primário, o único que me foi possível adquirir, não podia sair da sala de aula para o chamado recreio. Nas raras tentativas que fiz voltava para dentro do recinto de lições espancado por crianças mais fortes do que eu e ameaçado por novas investidas, que não desejo lembrar para não criar imagens negativas em sua generosidade.[62]

Ainda sobre o nível de instrução de Chico Xavier, encontramos no livro *Notáveis reportagens com Chico Xavier* uma entrevista de Clementino de Alencar com o médico pedroleopoldense Dr. Christiano Ottoni:

> Conheço esse rapaz desde menino. O que se diz dele, quanto à instrução, é verdade; fez apenas os quatro primeiros anos do Grupo Escolar de Pedro Leopoldo. Depois disso, tem vivido sempre aqui, entre nós, entregue ao trabalho diário e, portanto, sem a possibilidade de conquistar uma cultura bastante apreciável como a revelada em muitas das mensagens que ele grafa.[63]

E mais adiante o próprio repórter faz uma síntese dessa entrevista com o Dr. Christiano Ottoni sobre as qualidades observadas em Chico Xavier:

---

62. Carlos Antônio Baccelli. *Chico Xavier: o médium dos pés descalços*. Belo Horizonte: Vinha de Luz, 2011. [p. 183]
63. Hércio Marcos Cintra Arantes. *Notáveis reportagens com Chico Xavier*. Araras: IDE, 2002. [p. 87]

Relembra a seguir o Dr. Ottoni ter sido um dos examinadores dos 3.º e 4.º anos do Grupo Escolar, ao tempo em que ali Chico Xavier estudava. Teve assim ocasião de examinar o rapaz e conhecer um pouco de suas possibilidades intelectuais, que afirma serem grandes: a inteligência muito lúcida, superior à normal, excelente memória, grande poder de assimilação e presença de espírito. Apenas a instrução ficou em nível baixo, em relação àquelas faculdades.[64]

Chico Xavier permaneceu por cinco anos no Grupo Escolar de Pedro Leopoldo, portanto, de 1919 a 1923, mas em 1931 uma professora de formação católica, chamada Zenith Bahia (mais conhecida como Neném Bahia), observando o interesse cada vez mais crescente de Chico Xavier pelos livros, propôs auxiliá-lo no entendimento da língua portuguesa durante três meses, em sua própria residência. O que reforça a tese de que mesmo sendo médium de excelentes faculdades mediúnicas isso não significou que ele não devesse buscar recursos para ampliar seus conhecimentos.

Em 1997, Chico Xavier concedeu um depoimento emocionado à Fundação Marietta Gaio, no qual podemos observar a importância dessa professora em sua formação:

Nesse tempo, 1931, começamos a lidar com as mensagens dos amigos espirituais. Enviamo-las ao Sr. Manuel Quintão, então diretor da Federação Espírita Brasileira, e ele, entusiasmado,

---

**64.** *Ibidem.*

nos pedia para irmos enviando as mensagens recebidas. Há esse tempo, encontramos uma benfeitora, a professora D. Zenith Bahia; no encontro casual comigo, falou [...] que se eu estava lidando com propósitos de publicidade seria interessante que eu fizesse um estudo de análise lógica da língua portuguesa. E, para isso, ela se oferecia, prestimosa e benevolente, a me ajudar no espaço de três meses, em todas as tardes, das 5:30 da tarde às 7:30 horas da noite, num curso gratuito em que ela me poria no conhecimento mais profundo da língua portuguesa, já que eu não havia encontrado pessoa alguma que pudesse me ajudar na obtenção de uma bolsa de estudos em colégios de ensino superior. D. Zenith Bahia, cuja personalidade está em meu reconhecimento imperecível, me recebia na sua própria residência, na Rua Comendador Antônio Alves, e me administrava conhecimentos de análise lógica do Português, para que eu pudesse, de alguma forma, criticar as páginas que recebia. No Rio, nosso amigo Sr. Manuel Quintão se incumbia de receber o material que eu lhe mandava e começou a se formar o primeiro livro da nossa mediunidade, intitulado "Parnaso de Além-túmulo". Devo essa homenagem à D. Zenith Bahia, hoje na vida espiritual, porque, sem o concurso dela, eu estaria sentenciado a erros, a erros de toda sorte naquilo que saía de minhas mãos, porque naturalmente o médium não pode deixar de ser um auxiliar para aqueles amigos que lhe usufruem as faculdades.[65]

---

65. Informação verbal, gravação.

A possibilidade de frequentar uma instituição escolar encerrou por aí. A criança e o adolescente Chico Xavier, em razão das muitas necessidades e privações materiais, precisou se dedicar integralmente ao mundo do trabalho e nas suas horas de lazer ainda encontrou tempo para psicografar, escutar e consolar as múltiplas faces das dores humanas que ele tão precocemente já conhecia.

Alunos do Grupo Escolar de Pedro Leopoldo, em 1920. Destaque para a professora Rosária Laranjeira e para a irmã de Chico, Maria da Conceição Xavier (Tiquinha). [Acervo: Arquivo Geraldo Leão]

Professora Zenith Bahia.
[Acervo: Arquivo Geraldo Leão]

CHICO SÓ PÔDE IR
À ESCOLA DE OITO
PARA NOVE ANOS. ELE
PERMANECEU POR CINCO
ANOS NO GRUPO ESCOLAR
DE PEDRO LEOPOLDO, DE
1919 A 1923. A CRIANÇA E
O ADOLESCENTE CHICO
XAVIER, EM RAZÃO DAS
MUITAS NECESSIDADES
E PRIVAÇÕES MATERIAIS,
PRECISOU SE DEDICAR
INTEGRALMENTE AO
MUNDO DO TRABALHO E
NAS SUAS HORAS DE LAZER
AINDA ENCONTROU TEMPO
PARA PSICOGRAFAR,
ESCUTAR E CONSOLAR
AS MÚLTIPLAS FACES DAS
DORES HUMANAS QUE
ELE TÃO PRECOCEMENTE
JÁ CONHECIA.

# OCUPAÇÕES PROFISSIONAIS

**5**

Em Pedro Leopoldo, onde nasci, fui operário da Fábrica de Tecidos da atual Cia. Industrial Belo Horizonte, em Pedro Leopoldo, onde trabalhei como servente de fiação, em meus tempos de menino; em seguida, fui servente de cozinha no Bar do Dove, que pertencia ao Sr. Claudovino Rocha, hoje comerciante em Belo Horizonte; depois, fui caixeiro no pequeno armazém do Sr. José Felizardo Sobrinho, já desencarnado; e, por último, trabalhei como auxiliar de serviço na antiga Inspetoria Regional do Serviço de Fomento da Produção Animal, em Minas Gerais, onde servi por trinta anos e aposentei-me na categoria de escriturário.

———

Elias Barbosa. *No mundo de Chico Xavier.* 9. ed. Araras: IDE, 1997. [p. 74]

**A** RIGOR, PODEMOS CONSIDERAR CINCO AS OCUPA-ções profissionais na vida de Chico Xavier, as quais quatro são reconhecidas pelo próprio Chico e pela maioria dos biógrafos, mas não poderia deixar de registrar, em minha opinião, a primeira ocupação profissional de Chico Xavier como vendedor de legumes e verduras, em torno de sete para oito anos. Entretanto, segundo depoimento a Carlos Baccelli, Chico teria dito que antes da horta render algum recurso o primeiro dinheiro adquirido em um trabalho provisório foi obtido de maneira curiosa:

> Em Pedro Leopoldo, os catadores de algodão, na época da safra, eram muito incomodados pelos "borrachudos"... Alguns deles, então, lhe ofereciam algumas moedas para que, enquanto colhiam o algodão, ele fumasse um cigarro feito de talo seco de chuchu e soprasse sobre eles a fumaça, espantando os mosquitos.[66]

Não foi nada fácil para Chico Xavier viver em uma pequena comunidade regida pelas crendices e preconceitos. Relembrando as crises existenciais por que passou a criança e o adolescente Chico Xavier, uma das pessoas que ele se referia com carinho e gratidão, além de Maria de São João de Deus, de Cidália Batista Xavier, sua "segunda mãe", e da

---

66. Carlos Antônio Baccelli. *100 anos de Chico Xavier: fenômeno humano e mediúnico.* Uberaba: Leepp, 2010. [p. 38]

professora Rosária Laranjeira, era o sacerdote católico e seu confessor Sebastião Scarzello, pároco atuante na igreja da cidade de Matozinhos, próxima a Pedro Leopoldo.[67]

Em torno de 10 anos, na iminência de ser internado pelo pai como uma pessoa "estranha e esquisita", o padre, não conseguindo explicar o que acontecia com o jovem Chico, mas acreditando em sua bondade e honestidade, sugeriu a João Cândido Xavier que o empregasse na Companhia Industrial Belo Horizonte, antiga Companhia Fabril da Cachoeira Grande (Fábrica de Tecidos) como aprendiz de fiação e tecelagem para ocupação do seu tempo, permanecendo no emprego por três anos, aproximadamente. Tal atividade impediu que Chico fosse internado em um hospital psiquiátrico.

Leia o testemunho de Chico Xavier sobre o seu confessor Sebastião Scarzello.

---

67. Todos os biógrafos, e o próprio Chico Xavier, afirmaram que o nome do seu confessor era Sebastião Scarzelli. Entretanto, de acordo com documentos encontrados no Arquivo Geraldo Leão, e com o depoimento do memorialista Antônio Vasconcelos Filho, da cidade de Matozinhos, MG, o nome correto é Sebastião Scarzello. Outra fonte importante que reforça essa tese está no livro *Chico Xavier: mediunidade e luz* [Carlos Antônio Baccelli. *Chico Xavier: mediunidade e luz*. São Paulo: Ideal, 1989. [p. 62]], numa citação do padre José Chafi Francisco, da cidade de Joinville, SC, que enviou uma carta ao Chico solicitando mais informações sobre o seu confessor, escrevendo no documento "Sebastião Scarzello".

Confessor de Chico Xavier,
Monsenhor Sebastião Scarzello.
[Acervo: Arquivo Geraldo Leão]

Fábrica de Tecidos nos anos 1920.
[Acervo: Arquivo Geraldo Leão]

Fábrica de Tecidos no final da década de 1930.
[Acervo: Arquivo Geraldo Leão]

Entretanto, estudando e trabalhando na Fábrica de Tecidos, Chico não suportou o ritmo das atividades, adoentando-se. Antes que seu estado se agravasse, o médico que o examinou, Dr. José de Azevedo Carvalho, mais conhecido como Dr. Zezé, aconselhou a seu pai que o tirasse daquele emprego e o colocasse em outro mais ameno para não comprometer, ainda mais, a sua saúde.[68]

No depoimento de Francisco Reis, amigo e antigo trabalhador da Fábrica de Tecidos, podemos perceber as dificuldades daquela época:

> Trabalhamos também na mesma Fábrica de Tecidos, da atual Companhia Industrial de Belo Horizonte. Eu me lembro que o pai do Chico, o João Cândido, era um dos chefes da turma da noite e ele me disse: "Vocês dois são Chico, então vão trabalhar juntos." Nós tomávamos conta de uma máquina e fazíamos o horário noturno, das 15 horas à uma da manhã, mais ou menos. Ele já fazia a escrita do armazém do Juca, ao mesmo tempo que trabalhava na Fábrica de Tecidos, depois, com a idade mais ou menos de 12 anos, é que ele ficou só no armazém. Era uma vida dura, nós trabalhávamos até altas horas da noite...[69]

Conheça um pouco mais sobre a fábrica de tecidos onde Chico Xavier trabalhou.

---

68. Segundo alguns biógrafos, a recomendação médica partiu do Dr. Rivadávia Versiani Murta de Gusmão, residente em Pedro Leopoldo.

69. *Folha Espírita*. São Paulo, dezembro de 1977. Edição especial comemorativa dos 50 anos de mediunidade de Chico Xavier. [p. 14]

Entre 1923 e 1925, João Cândido Xavier, seguindo a recomendação médica, conseguiu outra ocupação profissional para Chico, empregando-o como servente de cozinha e auxiliar de balcão e limpeza no antigo Bar do Dove, do seu amigo Claudovino Rocha, que mais tarde passou a se chamar Bar Elite. A rotina era cansativa, mas relativamente suave em comparação ao trabalho anterior. A tarefa mais problemática era convencer um ou outro cliente, depois de exagerar no consumo de bebida alcoólica, a retornar para casa.

Mais tarde, entre os anos de 1925 e 1926, seu padrinho José Felizardo Sobrinho convidou-o para trabalhar em tempo integral como caixeiro em seu pequeno armazém. Aceitando o convite, Chico passou a lutar para se desempenhar bem em seu novo emprego e não desapontar o patrão, ficando regularmente até 1933 e colaborando esporadicamente até 1935, quando o empório entrou em processo de falência.

No livro *Notáveis reportagens com Chico Xavier* o repórter Clementino de Alencar registra o momento em que o estabelecimento foi colocado à venda:

> A mesma mão que psicografou essas páginas nós a surpreendemos esta manhã, quando escrevia sobre o balcão tosco da venda de "seu" Zé Felizardo, num pedaço de parede [sic] esta frase que exprime toda uma precária situação: "Vende-se esta

casa". E, escrevendo humildemente, essa quase confissão de falência e desamparo, Chico Xavier sorria-nos, com o sorriso débil e a expressão boa dos resignados.[70]

Chico também atuou na União Auxiliar Operária, fundada em 3 de julho de 1927, com sede em Pedro Leopoldo. Na reestruturação do estatuto, em 10 de setembro de 1929, a nova diretoria ficou assim constituída: presidente, Ataliba Ribeiro Viana; vice-presidente, José Cândido Xavier; primeiro secretário, Nelson Pena; segundo secretário, Francisco Cândido Xavier, e tesoureiro, José Felizardo Sobrinho. Mais adiante veremos que muitos integrantes dessa agremiação serão os integrantes da primeira diretoria do Centro Espírita Luiz Gonzaga.

Dentre os objetivos da União Auxiliar Operária, podemos destacar no estatuto da instituição a preocupação de assegurar ao trabalhador associado um mínimo de segurança para exercer o seu ofício, em uma época em que os direitos trabalhistas estavam longe de ser considerados como hoje.

Não podemos deixar também de mencionar que em 23 de setembro de 1933 Chico Xavier, atuando como primeiro secretário, foi um dos fundadores do Pedro Leopoldo

---

**70.** Hércio Marcos Cintra Arantes. *Notáveis reportagens com Chico Xavier*. Araras: IDE, 2002. [p. 198]

Fotografia de 1958 destacando o estabelecimento de José Felizardo Sobrinho, no qual Chico trabalhou por quase 10 anos. [Acervo: Arquivo Geraldo Leão]

Chico Xavier atendendo na "venda" de José Felizardo Sobrinho. [Do livro *Notáveis reportagens com Chico Xavier*, p. 20]

123

Futebol Clube.[71] Infelizmente, mesmo sendo um profissional da área do esporte, não consegui encontrar uma foto ou documento que pudesse registrar sua participação em algum jogo por essa agremiação. De qualquer forma, podemos considerá-lo um apologista do futebol e das atividades esportivas, como afirmou Divaldinho Mattos em seu livro *Chico Xavier em Pedro Leopoldo*.[72]

Vale aqui ressaltar que na União Auxiliar Operária, no Pedro Leopoldo Futebol Clube e no Centro Espírita Luiz Gonzaga Chico ocupou o cargo de secretário. O que nos leva a concluir que nessa época, pelo fato de já escrever muito bem, ele era sempre convidado a ocupar funções semelhantes. Além disso, muitos depoentes afirmaram que Chico era constantemente solicitado a escrever cartas de amor para os jovens casais apaixonados.

O último lugar em que Chico Xavier trabalhou em Pedro Leopoldo, um dos lugares de lazer mais visitados pela comunidade pedroleopoldense, e considerado um dos mais bonitos da região, foi a Fazenda Modelo. Como o próprio

---

71. Chico Xavier foi um dos primeiros torcedores do Pedro Leopoldo Futebol Clube. De acordo com sua irmã Cidália Xavier de Carvalho, Chico Xavier era admirador do Atlético em Minas, do Corinthians em São Paulo e do Botafogo no Rio.
72. Divaldo Mattos. *Chico Xavier em Pedro Leopoldo*. Votuporanga: Didier, 2000. [p. 105]

nome indicava, um modelo de fazenda. Assim se expressou o aposentado Osvaldo Gonçalo do Carmo, que trabalhou com o médium durante alguns anos:

> De vez em quando havia uma viagem extra, geralmente para transportar escolares que iam fazer excursão à Fazenda Modelo, em busca de aprimoramento ou simplesmente para visitar aquele lugar de incalculável beleza natural, onde corria água cristalina em seus córregos e regatos. Havia também lagos artificiais, ornados com plantas exóticas e desenvolvimento de piscicultura, e ainda um apiário povoado por abelhas italianas. As ruas e avenidas eram enfeitadas por antiquíssimos bambuzais, verdes e amarelos, que, além do colorido, proporcionavam sombras agradáveis. Tudo isso afora o aprimorado plantel de várias espécies e raças de animais. Em cada seção, havia um funcionário encarregado de prestar informações aos escolares. Com a desativação da Fazenda Modelo, muitos dos seus utensílios foram leiloados em hasta pública, e, dentre eles, o inesquecível charretão.[73][74]

---

73. Os funcionários da Fazenda Modelo retornavam às suas casas servindo-se de uma charrete, e de um "charretão" puxado por dois cavalos da raça percherão. O charretão está conservado e se encontra na propriedade de Anita de Assis Alves Pereira, no bairro de Santo Antônio da Barra (Matuto).

74. Oswaldo G. Carmo. *Esta Pedro Leopoldo: fatos, coisas e pessoas da minha cidade.* Pedro Leopoldo: [s.n.], 1995. [p. 45]

E acrescenta, na sequência:

Depois de alguns anos de serviço na Fazenda Modelo, que era chefiada pelo ilustre engenheiro agrônomo Dr. Rômulo Joviano – de saudosa memória – eu fui designado para trabalhar na seção do pessoal, iniciando por volta de 1940 uma convivência mais de perto com o nosso amigo Chico Xavier, que era responsável pela parte burocrática de maior importância da repartição. Como exímio datilógrafo, conhecedor profundo da língua portuguesa, o Chico redigia e datilografava, sem rascunhar, todos os ofícios, cartas e extensos relatórios endereçados às autoridades do Ministério da Agricultura e outras, usando somente pequenas anotações ao lado de sua máquina. Essa demonstração de competência causava admiração em todos os colegas que tinham acesso à Secretaria, na mesma sala onde funcionava a seção do pessoal, bem pertinho do gabinete de trabalho do Dr. Rômulo Joviano. Eu e vários colegas da Fazenda Modelo tivemos a satisfação e o privilégio do convívio e de receber muitas lições de vida e orientação que o Chico nos transmitia. Pacientemente, ele nos ajudava a resolver todas as dúvidas que surgiam, quer em proveito do serviço público e mesmo em se tratando de assuntos particulares. Para redigir qualquer texto, com perfeição e rapidez, o Chico era inigualável e em diversas oportunidades provou também que conhecia em profundidade as regras para fazer poesias e trovas, independentemente do **dom** da **psicografia** que Deus lhe deu, sendo, por essa razão, conhecido internacionalmente.[75]

Portanto, em 1933, com 23 anos, paralelamente ao emprego de caixeiro na "venda" de José Felizardo Sobrinho, passou a trabalhar como contratado na Inspetoria Regional do Serviço de Fomento da Produção Animal do Ministério da Agricultura, mais conhecida como Fazenda Modelo, como auxiliar de serviços gerais, por indicação do seu amigo e vizinho Fausto Joviano, irmão do então diretor da instituição, Dr. Rômulo Joviano:[76]

Fausto, irmão de Rômulo, era vizinho de Chico Xavier na cidade de Pedro Leopoldo. Testemunhando sua árdua luta diária como vendedor em um armazém, e conhecendo suas possibilidades intelectuais, resolveu conseguir-lhe trabalho no escritório da Fazenda de que o irmão era o diretor, e onde ele também trabalhava.[77]

75. *Ibidem.* [p. 65–66]
76. Em agosto de 1930, Rômulo Joviano voltou a ser designado diretor da Fazenda Modelo do Ministério da Agricultura, em Pedro Leopoldo, Minas Gerais, cargo que havia deixado em 1923 para exercer igual atribuição em Ponta Grossa, Paraná.
77. Francisco Cândido Xavier; Espírito Neio Lúcio; Wanda Amorim Joviano (org.). *Sementeira de luz.* Belo Horizonte: Vinha de Luz, 2006. [p. 28]

Em depoimento no programa *Pinga-Fogo*, em 1971, e reforçado por muitos biógrafos, Chico Xavier afirmou que teria iniciado o trabalho na Fazenda Modelo em 1931. Mas em outra esclarecedora entrevista, dada a Martins Peralva e publicada no livro *No mundo de Chico Xavier*, ele mesmo esclarece essa questão:

> Entrei para os serviços do Ministério da Agricultura precisamente em 1933, conquanto trabalhasse, nas horas que me sobravam do expediente na repartição, no armazém do Sr. José Felizardo Sobrinho, com quem servi na condição de caixeiro. Acontece que em 1932 ele fora acometido de uma trombose cerebral, que o deixou praticamente incapaz de atender às atividades comerciais. O armazém dele era muito pequeno e eu era o empregado único. Doente, não conseguiu o Sr. Felizardo Sobrinho movimentar os negócios que lhe diziam respeito e, em 1933, não mais pôde pagar-me os salários a que eu tinha direito e que eram, então, de sessenta mil réis por mês (seis centavos na moeda brasileira de hoje) e, em vista disso, conhecendo a minha situação, um generoso amigo, Fausto Joviano, conseguiu um lugar de serviço em meu favor na ex-Inspetoria Regional do Serviço de Fomento da Produção Animal, em Pedro Leopoldo. Quando a reportagem de "O Globo" esteve por algum tempo em Pedro Leopoldo, em 1935, reportagem essa da qual nasceu o livro "Palavras do Infinito", eu recebia o Sr. Clementino de Alencar, representante do grande vespertino carioca no armazém do Sr. José Felizardo Sobrinho, a quem continuei prestando serviço gratuitamente nas horas vagas. O armazém teve as suas atividades encerradas a 30 de junho

Chico Xavier e um grupo de colegas em frente ao local onde trabalhava na Fazenda Modelo, nos anos 1930. [Acervo: Casa de Chico Xavier]

de 1935, pela impossibilidade em que se via o proprietário de pagar os impostos do segundo semestre daquele ano, motivo pelo qual somente a 1.º de agosto de 1935 me fixei de maneira definitiva nos serviços da repartição que mencionei.[78]

78. Em 1997, portanto, aos 87 anos, Chico Xavier concedeu uma entrevista à Fundação Marietta Gaio, da cidade do Rio de Janeiro, afirmando novamente que a sua entrada na Fazenda Modelo, como contratado, aconteceu em 1931. *In*: Elias Barbosa. *No mundo de Chico Xavier*. 9. ed. Araras: IDE, 1997. [p. 88]

Nesse mesmo livro, Chico afirmou que em janeiro de 1933 o poeta e escritor José Álvaro Santos, que ficara impressionado com as mensagens psicografadas no *Parnaso de além-túmulo* e profundamente sensibilizado com as privações materiais por que passava sua família, o teria convidado para passar uma temporada na cidade de Belo Horizonte, ocasião em que tentaria conseguir-lhe uma ocupação profissional vantajosa. Segundo Chico Xavier, para tal cometimento o seu pai lhe conseguira três meses de licença no armazém do José Felizardo Sobrinho, onde trabalhava à época:

> **Assim ficou encerrada a experiência. Regressei ao armazém do Sr. José Felizardo Sobrinho, de onde, aliás, me afastei pouco tempo depois para colocar-me no Ministério da Agricultura.**[79]

Na Inspetoria Regional do Fomento da Produção Animal em Pedro Leopoldo, Chico foi efetivado como servidor público federal no dia 1.º de agosto de 1935, onde trabalhou em Pedro Leopoldo até 18 de dezembro de 1958. Pelo Ato 1614 do Ministério da Agricultura, foi designado para trabalhar no Triângulo Mineiro, na Fazenda Experimental Getúlio

---

**79.** Elias Barbosa. *No mundo de Chico Xavier*. 9. ed. Araras: IDE, 1997. [p. 47]

Vargas em Uberaba, atual Parque Fernando Costa.[80] Chico se aposentou, por invalidez, em janeiro de 1961, devido à moléstia incurável em um dos olhos:

> Coube-me a honra de preparar o seu processo de aposentadoria, cujo decreto, assinado pelo saudoso Presidente da República, Dr. Juscelino Kubitschek de Oliveira, foi publicado no Diário Oficial da União, em 17 de janeiro de 1961.[81]

Em seu depoimento, o ex-colega da Fazenda Modelo José dos Santos Moreira fala com saudade, respeito e admiração do funcionário exemplar que era Chico Xavier:

> Nós trabalhávamos juntos na Fazenda Modelo, hoje INASA, Instituto Nacional de Saúde Animal, quando então era diretor o Dr. Rômulo Joviano. Eu era auxiliar de veterinário e o Chico, escriturário. Além do período normal de trabalho, ele fazia muitas sessões com o Dr. Rômulo, às quartas-feiras. Eu

---

80. De acordo com a certidão de número 21 da Delegacia Federal de Agricultura de Minas Gerais, de 24 de dezembro de 1960, e que diz textualmente acerca do servidor de nome Francisco de Paula Cândido, "'Durante o período de 01/08/1935 até 24/12/1960, o referido servidor não gozou licença especial, nem justificada [...]' O total de tempo de serviço constante da presente certidão é de 9.278 dias, ou seja, 25 anos." In: Geraldo Lemos Neto (org.). *Mandato de amor*. Belo Horizonte: UEM, 1992. [p. 275]

81. Oswaldo G. Carmo. *Esta Pedro Leopoldo: fatos, coisas e pessoas da minha cidade*. Pedro Leopoldo: [s.n.], 1995. [p. 66]

mesmo ia buscá-lo de charrete muitas vezes, e acompanhava também muitas sessões dele lá. Chico sempre foi uma espécie de sustentáculo do Dr. Rômulo. Enquanto ele esteve ao lado do chefe tudo correu bem, inclusive para nós, os funcionários. Muitas vezes Dr. Rômulo ficava nervoso, queria acabar com tudo, porque ele foi um diretor que zelou muito pela repartição, aí Chico dizia que ia ajudar, falava daquele jeito manso e ele se acalmava.[82]

Em um depoimento do charreteiro José Jerônimo da Silva, que fazia o transporte dos funcionários da cidade para a Fazenda Modelo e vice-versa, podemos também identificar o respeito que todos eles tinham para com Chico Xavier:

Creio que uns trinta anos quase... Nós trabalhávamos juntos na Fazenda Modelo, onde eu fui tratador durante 40 anos. Vinha buscar o Chico às 8 horas da manhã e trazia às 11, para o almoço; voltava para a Fazenda ao meio-dia e trazia de volta às 5 horas da tarde. Quase todas as vezes que eu estava com ele Chico ia escrevendo na charrete. Ele não gostava de me ver bater nos animais, dizia: "Deixa, meu filho, que eles vão

82. *Folha Espírita*. São Paulo, dezembro de 1977. Edição especial comemorativa dos 50 anos de mediunidade de Chico Xavier. [p. 16]

sozinhos, não precisa bater!" Chico sempre foi muito trabalhador, nunca faltou ao serviço. Às vezes ficava até tarde da noite trabalhando, a senhora precisava ver só!...[83]

E, finalmente, gostaria de destacar o depoimento do ex-funcionário da Fazenda Modelo, o também escriturário datilógrafo Carlos Alberto de Miranda, que lembra a simplicidade e a competência de Chico Xavier e fala das aventuras curiosas de ter que protegê-lo das visitas em horas indesejadas:

> Chico era uma pessoa em que a gente podia confiar. Não trabalhávamos e convivíamos com o "grande" Chico, mas com o homem simples que sempre foi. Ele era muito eficiente. Cumpridor de todas as suas obrigações profissionais. Confesso que nunca o vi reclamando, ele era a tranquilidade em pessoa. Grande parte da vida de Chico Xavier em Pedro Leopoldo ele passou na Fazenda Modelo. Chico era muito procurado na repartição. Quando chegava alguém querendo vê-lo, os colegas de escritório procuravam escondê-lo. Costumávamos levá-lo para trás de um grande arquivo de escritório, colocando uma grande capa, que era utilizada na cobertura das máquinas de escrever, até que o visitante fosse embora. A verdade é que se ele fosse atender a todo mundo ele não trabalharia.[84]

83. *Ibidem.* [p. 15–16]
84. Entrevista concedida ao autor (sem registro).

Em razão dos depoimentos tomados em 1977, das entrevistas realizadas mais recentemente e das leituras dos livros *Sementeira de luz*, *Deus conosco*, *Militares no além* e *Sementeira de paz*, psicografados por Chico Xavier durante o culto do Evangelho do Grupo Doméstico Arthur Joviano, entre 1935 até o início da década de 1950, na Fazenda Modelo, podemos aqui destacar a importância da família Joviano na obra mediúnica de Francisco Cândido Xavier, pois Dr. Rômulo Joviano, diretor da conceituada instituição na cidade de Pedro Leopoldo, pessoa de experiência e autoridade, impedia, de certa forma, que Chico fosse ameaçado ou incomodado. Podemos afirmar também que a presença de Chico Xavier junto à família Joviano fez parte de um planejamento antecipado dos benfeitores espirituais para dar apoio e sustentação à sua gigantesca obra mediúnica. Em uma entrevista concedida a Jarbas Leone Varanda, Chico fala com respeito e gratidão sobre o seu ex-patrão:

> Depois dos nossos irmãos José Hermínio Perácio e de sua esposa D. Carmen, que me abriram as portas do conhecimento espírita-cristão, tenho em minha vida medianímica um amigo, cuja lembrança nunca me sai da memória: Dr. Rômulo Joviano. Durante vinte anos sucessivos convivi com ele, pois em todo esse tempo foi meu chefe na repartição do Ministério da Agricultura, em Pedro Leopoldo. Dedicado amigo do Espírito de Emmanuel, muitas vezes ouvi do próprio Emmanuel a recomendação de segui-lo nos exemplos de dever cumprido que

a todos sempre nos dava. Dr. Rômulo ensinou-me que nada se consegue na vida sem disciplina e trabalho, e me auxiliou a compreender que um médium deve ser fiel aos bons Espíritos, sem vacilação. Com ele, a esposa e os filhos tive a honra de re-unir-me no culto do Evangelho no lar todas as quartas-feiras em Pedro Leopoldo, de 1935 a 1952. Ainda hoje Dr. Rômulo Jo-viano, que reside e trabalha no Rio, vive incessantemente em minha lembrança, envolvido no respeito e na gratidão que a ele consagro e consagrarei sempre.[85]

Nas pesquisas efetuadas sobre um dos períodos mais produtivos no campo da mediunidade de Chico Xavier, obser-vamos que a família Joviano colaborou intensivamente na leitura e na revisão das obras psicografadas, e no trabalho de datilografia dos textos e envio das obras para a sede da Federação Espírita Brasileira, no Rio de Janeiro, trabalho esse supervisionado pelo seu benfeitor espiritual Emma-nuel. No livro *100 anos de Chico Xavier: fenômeno humano e mediúnico*, o autor também reforça a importância da fa-mília Joviano na vida pessoal, profissional e mediúnica de Chico Xavier:

85. Elias Barbosa. *No mundo de Chico Xavier*. 9. ed. Araras: IDE, 1997. [p. 112]

O Dr. Rômulo Joviano, juntamente com sua esposa, D. Maria Joviano, era um grande protetor de Chico Xavier. Foi extremamente providencial o seu aparecimento na vida do médium. Durante o tempo em que estiveram lado a lado, ele era o seu braço forte, intervindo sempre que necessário para defendê-lo, fosse do que fosse. Diríamos mesmo que a tarefa primordial do Dr. Rômulo em sua encarnação foi a de oferecer suporte a Chico, para que ele produzisse mediunicamente o que produziu, enquanto permaneceu em Pedro Leopoldo.[86]

Podemos perceber que Dr. Rômulo Joviano, pelo cargo que ocupava, era conhecido na cidade de Pedro Leopoldo como uma pessoa enérgica, em função das muitas responsabilidades que a função exigia, mas muito justo e honesto, o que levou alguns biógrafos a considerá-lo um verdadeiro "carrasco" na vida de Chico Xavier.

Em 2006, a filha do casal Joviano, Wanda Amorim Joviano, vem socializando, por meio da Vinha de Luz Editora, da Casa de Chico Xavier, um rico material psicografado por Chico Xavier quando este ainda se encontrava na cidade de Pedro Leopoldo participando do culto do Evangelho no lar de sua família.

---

86.  Carlos Antônio Baccelli. *100 anos de Chico Xavier: fenômeno humano e mediúnico*. Uberaba: Leepp, 2010. [p. 139–140]

Creio que o movimento espírita brasileiro tem uma dívida histórica para com a família Joviano. Precisamos fazer essa releitura e reconhecer a importância de Dr. Rômulo Joviano e da Sra. Maria Amorim Joviano, sua esposa, na sustentação da gigantesca obra de Chico Xavier.

**Chico Xavier na Fazenda Modelo nos anos 1950.**
**[Acervo: Darwin de Rezende Alvim Neto]**

Chico Xavier com Julinha Koleim e Carlos Albano Rocha (Quileia). Fotografia feita na Fazenda Modelo. [Acervo: Arquivo Geraldo Leão]

Residência da família Joviano na Fazenda Modelo, local em que Chico Xavier psicografou grandes obras, entre elas *Paulo e Estêvão*. [Acervo: Casa de Chico Xavier]

Chico Xavier e a família Joviano. Da esquerda para a direita: Wanda Amorim Joviano, Dr. Rômulo Joviano e D. Maria Amorim Joviano. O cãozinho é o Fly, de estimação da família. [Acervo: Casa de Chico Xavier]

Chico Xavier na Fazenda Modelo na década de 1950.
[Acervo: Darwin de Rezende Alvim Neto]

140

PODEMOS CONSIDERAR CINCO AS OCUPAÇÕES PROFISSIONAIS NA VIDA DE CHICO XAVIER, AS QUAIS QUATRO SÃO RECONHECIDAS PELO PRÓPRIO CHICO E PELA MAIORIA DOS BIÓGRAFOS, MAS NÃO PODERIA DEIXAR DE REGISTRAR, EM MINHA OPINIÃO, A PRIMEIRA OCUPAÇÃO PROFISSIONAL DE CHICO XAVIER COMO VENDEDOR DE LEGUMES E VERDURAS, EM TORNO DE SETE PARA OITO ANOS.

# CENTRO ESPÍRITA
# AMOR E LUZ

*Pedro Leopoldo, cujas primeiras casas surgiram com os últimos anos do século passado, deve ter sido planejada e criada nos planos espirituais como futuro berço de Chico e, consequentemente, das mais iluminadas mensagens que Jesus tem enviado à Terra nos últimos tempos, convocando o homem para a luta contra as próprias imperfeições. Pedro Leopoldo! Pequeno e humilde pedaço de terra, que tão grandiosas dádivas celestes tem recebido e distribuído por toda a humanidade, saciando os famintos de justiça, os sedentos de amor e compreensão... Que o Senhor Jesus, perdoando as nossas misérias espirituais, nos conserve essa fonte de amor e luz. [Depoimento de Hermelita Soares Horta.[87]]*

6

---

87. Hermelita Soares Horta nasceu em 27 de março de 1910 (cinco dias antes de Chico Xavier) e desencarnou em 4 de junho de 1985. O Centro Espírita Amor e Luz, existente o município de Matozinhos, próximo à cidade de Pedro Leopoldo, foi fundado oficialmente em 23 de junho de 1960, por Hermelita Soares Horta que militou no movimento espírita por muitos anos, se transformando, na região, numa referência do espiritismo e na área do trabalho social.

---

*Reformador.* Rio de Janeiro: FEB, agosto de 1953. [p. 13]

**D**ESDE QUE MILITO NO MOVIMENTO ESPÍRITA, AFIRMAR que o Centro Espírita Luiz Gonzaga foi a primeira instituição espírita fundada na cidade de Pedro Leopoldo nunca será nenhuma novidade. Todos os biógrafos do Brasil e espiritistas da região entendiam ser essa uma afirmação historicamente comprovada.

Nesta pesquisa nenhum dos depoentes entrevistados fez qualquer tipo de referência ao então Centro Espírita Amor e Luz. Além do mais, não há registro de que o próprio Chico Xavier tenha feito uma afirmação pública sobre qualquer outra instituição anterior ao Centro Espírita Luiz Gonzaga na cidade de Pedro Leopoldo.

Entretanto, estudando novamente a obra *Instruções psicofônicas*, fruto da psicofonia de Francisco Cândido Xavier, sob a organização de Arnaldo Rocha, qual não foi a minha surpresa ao me deparar com o capítulo 33, intitulado "Um antigo lidador":

> Encerrando as nossas atividades socorristas na reunião de 21 de outubro de 1954, fomos reconfortados com a visita do irmão Ernesto Senra, antigo lidador dos arraiais espiritistas de Minas Gerais. Foi ele um dos fundadores do "Centro Espírita Amor e Luz", a primeira organização doutrinária de Pedro Leopoldo, instalada em 5 de fevereiro de 1903, emprestando, anos mais tarde, sua valiosa colaboração às casas espíritas de Belo Horizonte. Sua palavra de companheiro esclarecido e

perspicaz denota grande conhecimento de nossa vida mental e de nossas necessidades doutrinárias, merecendo, por isso, a nossa justa atenção.[88]

Em 2002, quando tive a oportunidade de estar com Arnaldo Rocha em uma palestra comemorativa dos 50 anos do Grupo Meimei, segunda instituição espírita fundada por Chico Xavier e alguns amigos na cidade de Pedro Leopoldo, perguntei sobre o Centro Espírita Amor e Luz apontado no livro *Instruções psicofônicas*, mas ele disse que não se lembrava.

A única informação que tínhamos estava nos apontamentos organizados pelo próprio Arnaldo Rocha no final do referido livro, intitulados "Nótulas do organizador", onde há pequena referência sobre o Dr. Ernesto Aquiles de Medeiros Senra, médico e espírita militante. Este presidiu a União Espírita Mineira, em Belo Horizonte, no período de 1928 e 1929, desencarnando em 1932.

Procurei o amigo e memorialista de Pedro Leopoldo Geraldo Leão, que, igualmente, não dispunha de qualquer informação nova. Em princípio, disse-nos que a primeira praça da cidade de Pedro Leopoldo, a Praça Dr. Senra, próxima à Fábrica de Tecidos, poderia ser uma homenagem ao citado médico das páginas do *Instruções psicofônicas*, entretanto, depois de algumas pesquisas ele mesmo chegou

---

88. Francisco Cândido Xavier; Espíritos diversos; Arnaldo Rocha (org.). *Instruções psicofônicas*. Rio de Janeiro: FEB, 1955. [p. 155]

Saiba um pouco mais sobre o Centro Espírita Amor e Luz.

à conclusão de que o homenageado da praça foi um dos primeiros médicos de Pedro Leopoldo, o português José Maria Moreira Senra.

Nas pesquisas efetuadas e nos depoimentos tomados não consegui encontrar nenhuma referência sobre o então Centro Espírita Amor e Luz.

Pesquisando as páginas de *Reformador*, entre os anos de 1930 e 1959, encontrei dois importantes artigos nas revistas de 1953, fazendo referência ao Centro Espírita Amor e Luz fundado no início do século passado.[89] O primeiro artigo, intitulado "Pedro Leopoldo", diz:

> Em fins de março, ou princípio de abril de 1903, fundava-se a primeira associação espírita de Pedro Leopoldo, Estado de Minas Gerais. Sete anos antes de naquela terra vir à luz o grande missionário da mediunidade – Francisco Cândido Xavier –, um pugilo de abnegados espíritas, entre senhores e senhoras, fundaram ali humilde núcleo de estudantes da Nova Revelação, denominando-o "Amor e Luz". Foi sua primeira diretoria assim constituída: presidente, Raul Hanriot; vice-presidente, Luís A. Soares Horta; 1.º secretário, Aristides Florival da Rocha; 2.º secretário, Domingos C. de Avelar Sobrinho; encarregado da beneficência, José A. Soares Horta; procuradores, Pedro Cláudio de Sales e Eduardo Augusto Soares.

---

89. Na revista *Reformador* de abril de 1954 [p. 94], há outro artigo intitulado "Alguns Dados Cronológicos do Movimento Espírita", novamente fazendo referência ao Centro Espírita Amor e Luz.

Aquele então novíssimo distrito, pois que criado em 27 de junho de 1901, desconhecido, apagado, de poucas almas, já possuía, contudo, o seu pequenino celeiro de luz, onde todos os aflitos e chorosos encontrariam consolação e paz. Corre o tempo... Pedro Leopoldo, que a princípio designava tão-somente uma estação da E.F.C. do Brasil, inaugurada em 17 de junho de 1895, e cujo nome é uma justa e saudosa homenagem prestada ao Dr. Pedro Leopoldo da Silveira, desencarnado aos 9 de agosto de 1894, no exercício de suas funções de engenheiro-chefe do prolongamento da estrada ferroviária, Pedro Leopoldo cresceu, desenvolveu-se, teve aumentada a sua população, e graças a Chico Xavier tornou-se uma cidade conhecida em todos os rincões do país, e mesmo além-fronteiras, e a própria imprensa profana batizou-a "meca do espiritismo". O Centro Espírita "Luiz Gonzaga", que há muitos anos existe na cidade natal de Chico Xavier, constitui o herdeiro dos objetivos cristãos que nortearam aquela associação pioneira. Sua bandeira, desfraldada há cinquenta anos aos bons ares de Pedro Leopoldo, ainda traz inscrito o antigo convite fraternal, expresso nas luminosas palavras: Amor e Luz.[90]

Ainda em 1953, nessa mesma revista, encontramos o segundo artigo ainda mais esclarecedor, intitulado "Pedro Leopoldo II":

---

90.  *Reformador*. Rio de Janeiro: FEB, maio de 1953. [p. 19]

A propósito do artigo – "Pedro Leopoldo", publicado neste órgão em maio do ano corrente, recebemos de Matozinhos, Estado de Minas Gerais, uma bela carta da distinta confrade [sic] Hermelita Soares Horta, que registra sua profunda emoção ao ler os nomes de seu pai, José Augusto Soares Horta, antigo vizinho e amigo de Chico Xavier, e desencarnado em 1934; do seu tio, Luís Augusto Soares Horta e do seu primo Eduardo A. Soares, todos incluídos na primeira diretoria do Centro Espírita "Amor e Luz", que funcionou em Pedro Leopoldo, a partir de 1903, à Rua Dr. Herbster, em casa que hoje já não existe. Pinta-nos essa senhora emocionante quadro das dificuldades por que passam os grupos espiritistas das pequenas cidades do interior brasileiro, dizendo-nos o seguinte: "Temos um modesto núcleo de estudos evangélicos e diminuta assistência social, tudo tão humilde, tão falho de recursos que só mesmo os

Hermelita Soares Horta.
[Acervo: Casa de Chico Xavier]

párias da sociedade nos aceitam a colaboração sincera. Quando tratamos de um doente, ou oferecemos abrigo a mães sem marido, apelamos para os serviços gratuitos de um médico de Pedro Leopoldo, ou confiamos no Espírito de Bezerra de Menezes, que consegue sempre do Alto a ajuda para os nossos problemas. A presidente é enfermeira e conta com a ajuda de mais dois ou três espíritas, e é só isso, pois os habitantes não querem saber de espíritas." Há outras coisas mais, entre elas a benéfica ação do "Reformador" na difusão da doutrina pelo interior do país, se referiu a prezada irmã de Matozinhos, que finalizou sua sincera e instrutiva carta com as palavras que se seguem, plenas de arrebatamento gratulatório: "Pedro Leopoldo, cujas primeiras casas surgiram com os últimos anos do século passado, deve ter sido planejada e criada nos planos espirituais como futuro berço de Chico e, consequentemente,

Rua Dr. Herbster na década de 1920.
[Acervo: Arquivo Geraldo Leão]

149

das mais iluminadas mensagens que Jesus tem enviado à Terra nos últimos tempos, convocando o homem para a luta contra as próprias imperfeições. Pedro Leopoldo! Pequeno e humilde pedaço de terra, que tão grandiosas dádivas celestes tem recebido e distribuído por toda a humanidade, saciando os famintos de justiça, os sedentos de amor e compreensão... Que o Senhor Jesus, perdoando as nossas misérias espirituais, nos conserve essa fonte de Amor e Luz."[91]

No princípio do século passado, a cidade de Pedro Leopoldo tinha basicamente duas ruas principais: a Rua Ferreira e Mello, mais tarde transformada em Rua Comendador Antônio Alves, e a Rua Dr. Herbster, uma homenagem a um dos engenheiros da Central do Brasil. Procuramos, mais uma vez, o memorialista Geraldo Leão para saber onde poderiam ter sido realizadas as primeiras reuniões, mas não foi possível encontrar sua localização e muito menos avaliar a duração dessa instituição.

Naquela época, a influência religiosa dominava o espírito público e o respeito aos deveres para com a igreja católica estava acima de quaisquer outros problemas sociais ou domésticos. O cotidiano de uma comunidade tão pequena quanto Pedro Leopoldo era determinado pelos valores, crenças e tradições do catolicismo.

Entendemos que em razão do preconceito existente na época ao espiritismo e dos relatos de resistências veladas

---

91.  *Reformador*. Rio de Janeiro: FEB, agosto de 1953. [p. 13]

ou não, principalmente do movimento católico local, que não considerava o espiritismo uma religião cristã[92] e afirmava ser ele fruto da ação de pessoas perturbadas e desequilibradas, essa instituição existiu em uma residência na então Rua Dr. Herbster sob a forma que hoje o movimento espírita denomina de "culto do Evangelho no lar",[93] uma prática comum entre os espiritistas atuais, principalmente a partir das mensagens psicografadas por Chico Xavier, da década de 1940 em diante.

De qualquer forma, podemos observar os frutos dessa articulação entre amigos em 1903 na cidade de Pedro Leopoldo, pois Raul Hanriot, o primeiro presidente do Centro Espírita Amor e Luz, foi um dos fundadores da União Espírita Mineira, além de ter dirigido a instituição nos biênios 1913–1914 e 1915–1917.[94] Além do mais, Ernesto Senra, citado no livro *Instruções psicofônicas*, grande colaborador

---

92. Para termos uma noção da dimensão do preconceito, no livro *Testemunhos de Chico Xavier*, organizado por Suely Caldas Schubert, no dia 27 de outubro de 1937 a Federação Espírita Brasileira, pela primeira vez, teve fechadas as suas portas por quase 72 horas. [p. 51]

93. Simplificadamente, podemos dizer que é uma reunião com leituras e comentários evangélicos no lar, pelo menos uma vez por semana, podendo ou não, além dos familiares, participarem os amigos mais íntimos. Muitas instituições espíritas em nosso país surgiram dessa forma.

94. Raul Hanriot nasceu no Rio de Janeiro em 1.º de junho de 1874 e faleceu em 29 de julho de 1939. Foi tenente do Exército e seu pai, Luciano Luiz Gregorio Hanriot, era de origem francesa.

na articulação desse movimento em 1903, também presidiu os destinos da União Espírita Mineira entre os anos de 1928–1929.

Mais tarde, Raul Hanriot, já residindo na cidade de Belo Horizonte, fala sobre a mediunidade de Chico Xavier, nas páginas do vespertino *Diário da Tarde*:[95]

> Ando a par dos trabalhos de Chico Xavier, a quem conheço pessoalmente e cujo poder mediúnico a ninguém é lícito negar. De fato, trata-se de um fenômeno nitidamente espírita. São reais e insofismáveis as mensagens recebidas de além-túmulo por Xavier, não se podendo pôr a menor dúvida em que elas partam daquelas eminentes figuras já falecidas. O mesmo braço que psicografou aquelas produções deixou abaixo delas a assinatura de seus autores. Foi Humberto de Campos quem transmitiu a Chico Xavier os seus novos trabalhos no mundo espiritual. Aliás, é fácil, pelo conhecimento do estilo, reconhecer a identidade do autor.[96]

95. Raul Hanriot sempre esteve ligado às artes e à cultura na cidade do Rio de Janeiro. Ao se transferir para Pedro Leopoldo e, posteriormente, Belo Horizonte, é bem provável que tenha contribuído para a riqueza cultural das duas cidades. Em Pedro Leopoldo, no bairro Santo Antônio, mais conhecido como Cascavel, ainda existe uma rua chamada Raul Hanriot.

96. Hércio Marcos Cintra Arantes. *Notáveis reportagens com Chico Xavier*. Araras: IDE, 2002. [p. 74]

Historicamente, a constatação da existência do Centro Espírita Amor e Luz, fundado em 5 de fevereiro de 1903, nesse pequeno lugarejo, representa, sem dúvida nenhuma, um plano maior de preparação da vinda do grande missionário para a tarefa que, oficialmente, seria reiniciada em 8 de julho de 1927.

Documento de identificação de Raul Hanriot.
[Acervo: Auristela da Cunha Tenuta]

Rua Ferreira e Mello, nos anos 1920, atual Rua Comendador Antônio Alves. [Acervo: Arquivo Geraldo Leão]

Rua Ferreira e Mello, no final dos anos 1930, atual Rua Comendador Antônio Alves. [Acervo: Arquivo Geraldo Leão]

A EXISTÊNCIA DO CENTRO ESPÍRITA AMOR E LUZ, FUNDADO EM 5 DE FEVEREIRO DE 1903, NO PEQUENO LUGAREJO DE PEDRO LEOPOLDO, REPRESENTA, SEM DÚVIDA NENHUMA, UM PLANO MAIOR DE PREPARAÇÃO DA VINDA DO GRANDE MISSIONÁRIO PARA A TAREFA QUE, OFICIALMENTE, SERIA REINICIADA EM 8 DE JULHO DE 1927.

# CENTRO ESPÍRITA LUIZ GONZAGA

A mensagem expressiva que me endereçaram me conduziu a memória até a noite de 8 de julho de 1927. Era uma noite quase gelada e os companheiros que se acomodavam junto à mesa me seguiram os movimentos do braço, curiosos e comovidos.

A sala não era grande, mas, no começo da primeira transmissão de um comunicado do mais Além, por meu intermédio, senti-me fora de meu próprio corpo físico, embora junto dele.

No entanto, ao passo que o mensageiro escrevia as dezessete páginas que nos dedicou, minha visão habitual experimentou significativa alteração.

As paredes que nos limitavam o espaço desapareceram. O telhado como que se desfez e fixando o olhar no alto podia ver estrelas que tremeluziam no escuro da noite.

Entretanto, relanceando o olhar no ambiente, notei que toda uma assembleia de entidades amigas me fitava com simpatia e bondade, em cuja expressão adivinhava, por telepatia espontânea, que me encorajavam em silêncio para o trabalho a ser realizado, sobretudo animando-me para que nada receasse quanto ao caminho a percorrer.

_____

Carlos Antônio Baccelli. *Chico Xavier: mediunidade e coração*. São Paulo: Ideal, 1985. [p. 13]

**EM 1927, A IRMÃ DE CHICO XAVIER, MARIA DA CONCEI-**ção Xavier, passou por alguns distúrbios de comportamento. A família, de formação católica, buscou os recursos que a medicina da época oferecia, além de recorrer aos tratamentos populares aconselhados por parentes e amigos.

Sem resultado expressivo, no início de maio do mesmo ano a família recorreu aos cuidados de um conhecido espiritista, José Hermínio Perácio, e sua esposa, Carmen Penna Perácio, para iniciar um tratamento depois de identificado um problema de natureza espiritual. Na época, o casal residia na Fazenda de Maquiné, município de Curvelo, a aproximadamente 100 km da cidade de Pedro Leopoldo. Foi exatamente no dia 7 de maio de 1927:

> Quando o Chico tinha uns 16 ou 17 anos, uma de suas irmãs, a Tiquinha, apresentou uma doença, diziam, na época, que ela havia enlouquecido. Mas o negócio era outro, era problema de espírito. Então a família mandou chamar o Juquinha Perácio, que era uma pessoa muito amiga, que eu conheci de perto, em Maquiné. Ele veio imediatamente; logo depois do primeiro trabalho a Tiquinha ficou completamente curada. O Chico se revelou, dessa época para cá. Ele não sabia que era médium. Eu não sou espírita, não entendo, mas sou capaz de comprar uma briga por causa dele. [Depoimento de Francisco Reis.][97]

---

97. *Folha Espírita*. São Paulo, dezembro de 1977. Edição especial comemorativa dos 50 anos de mediunidade de Chico Xavier. [p. 14]

Se o Centro Espírita Amor e Luz, fundado em 5 de fevereiro de 1903, estivesse em pleno funcionamento, a família Xavier não teria a necessidade de recorrer aos cuidados do casal Perácio, o que reforça a tese de que a existência da primeira agremiação espírita da cidade foi relativamente curta – menos de 24 anos.

Segundo depoimento do sobrinho-neto de Chico Xavier, Sérgio Luiz Ferreira Gonçalves, é interessante registrar que nas primeiras reuniões de assistência por que passou a irmã de Chico, Maria da Conceição Xavier, a família, além do apoio do casal Perácio, contou com o auxílio de outros companheiros espíritas, dentre eles um médium chamado Geovane, portador de excelentes qualidades mediúnicas.

Chico inicialmente agia mais como médium psicofônico que como médium psicográfico. A psicografia aconteceu com mais frequência a partir de 1931, com a presença constante do seu benfeitor Emmanuel, direcionando o trabalho.

Fazenda de Maquiné, município de Curvelo, MG. Neste local residiu o casal Perácio, e Chico Xavier recebeu as primeiras orientações sobre o espiritismo. [Acervo: Memorial Centro Espírita Luiz Gonzaga]

É importante também registrar que depois de curada da obsessão a sua irmã passou a atuar nas reuniões do Centro Espírita Luiz Gonzaga como médium psicofônica.

Maria da Conceição Xavier Pena (Tiquinha), irmã de Chico, que o conduziu, involuntariamente, ao espiritismo. Fotografia feita na década de 1970. [Acervo: Casa de Chico Xavier]

Na obra *Chico Xavier: o primeiro livro*, podemos observar que no diário do jovem Chico Xavier o amigo e orientador dos primeiros passos da sua mediunidade, José Hermínio Perácio, escreveu algumas palavras de incentivo:

**Caro amigo**

As minhas palavras toscas são o puro reflexo do meu coração rude e da minh'alma impura.

Eu as ofereço dizendo-te: coragem e fé!

Não julguemos que a felicidade está longe de nós; ela reside dentro do nosso próprio coração! Pois uma consciência pura é a única felicidade duradoura na Terra! Olharmos o passado e enxergarmos muitas mãos que nos abençoam é a maior de todas as venturas! A fé é o sol que resplende no âmago das almas crentes. Fazer o bem incondicionalmente, não visando a recompensa da Terra, deve ser o grande ideal de todas as almas! O Evangelho de Jesus, bem compreendido, é água puríssima que sacia toda a sede da nossa vida![98]

Em seu diário, o próprio Chico, em sua eterna gratidão ao casal Perácio, escreve um poema para as suas filhas Áurea e Enid, com as seguintes observações: "À Exma. Sra. Dona Carmen Penna, em memória das suas inteligentes filhinhas Áurea e Enid":

---

98. Francisco Cândido Xavier; Espíritos diversos; Geraldo Lemos Neto (org.); Sérgio Luiz Ferreira Gonçalves (org.). *Chico Xavier: o primeiro livro*. Belo Horizonte: Vinha de Luz, 2010. [p. 36]

### Áurea e Enid

*Eram flores luminosas*
*As tuas lindas crianças,*
*As luzentes esperanças*
*Dos sonhos do teu viver;*
*Que partiram*
  *deste mundo*
*Em busca de luz*
  *mais pura,*
*De deslumbrante ventura,*
*Da vida no rosicler!*

*Eram estrelas brilhantes,*
*Que baixaram*
  *pressurosas*
*Das mãos esplendorosas,*
*Purificadas da luz;*
*Fazendo desabrochar,*
*Em teus almos*
  *pensamentos,*
*Os formosos sentimentos,*
*Conduzindo-te a Jesus.*

*Foram lágrimas radiosas*
*Que desceram*
  *dos espaços,*
*abrigando-se em*
  *teus braços*
*Para haurirem teu amor.*
*E depois de ofereceres*
*O teu amor doce e terno,*
*O grande afeto materno,*
*Pura bênção do Senhor,*

*Elas partiram risonhas*
*Pela estrada enflorecida,*
*Buscando numa*
  *outra vida*
*A harmonia que transluz!*
*Sobre ti hoje desfolham,*
*Essas almas venturosas,*
*As flores maravilhosas*
*Do santo amor de Jesus.*[99]

---

99. *Ibidem.* [p. 78]

Vale aqui destacar, além do casal Perácio, cuja importância histórica foi fundamental na orientação de Francisco Cândido Xavier nos primeiros passos de sua mediunidade, a presença marcante de Manuel Quintão (1874–1954), antigo presidente e diretor da Federação Espírita Brasileira, que ao receber os primeiros trabalhos psicografados pelo desconhecido mineiro da cidadezinha de Pedro Leopoldo reconheceu a sua autenticidade e procurou dar-lhe todo o apoio necessário.

É o que podemos observar em uma das muitas correspondências enviadas por Manuel Quintão ao jovem Chico Xavier. Entre elas, esta com data de 22 de setembro de 1931,

O casal Perácio – Carmen e José Hermínio – com uma de suas filhas. [Acervo: Memorial Centro Espírita Luiz Gonzaga]

Carmen Penna Perácio. [Do DVD *Chico Xavier inédito: de Pedro Leopoldo a Uberaba*, Versátil Vídeo Spirite]

e que compõe o texto de apresentação de *Chico Xavier: o primeiro livro*, organizado por Geraldo Lemos Neto e Sérgio Luiz Ferreira Gonçalves:

> O que eu não creio é que tais versos sejam originariamente seus. Até lá não levo as prerrogativas do subconsciente. Ainda mesmo com os seus dotes poéticos em jogo mediúnico, e sem embargo de uma saturação profunda da técnica do poeta – detalhe que omite – não julgo exequível um tão acendrado personalismo. Sugestão? Sim, tudo é sugestão, mas, bem entendido, sugestão mediúnica. De resto, o meu confrade sabe, nada há nisso de extraordinário. [...] A minha opinião, portanto, é que o confrade continue a receber sem prevenção essas provas, e

José Hermínio Perácio. Apelidado Juca ou Juquinha Perácio. Alguns o chamavam de "Perasso". [Do DVD *Chico Xavier inédito: de Pedro Leopoldo a Uberaba*, Versátil Vídeo Spirite]

as vá colecionando para, a seu tempo, imprimir uma coletânea destinada a correr não só como expoente da arte, como de prova robusta da sobrevivência dos artistas.[100]

Com os artigos de Manuel Quintão no *Reformador*, os comentários feitos por Ramiro Gama sobre a obra *Parnaso de além-túmulo*, em 1932, e a simpatia de muitos amigos e admiradores, Chico Xavier foi conquistando, gradativamente, espaço no movimento espírita brasileiro e, principalmente, na Federação Espírita Brasileira.

Em depoimento a Elias Barbosa, Chico Xavier fala da importância do apoio de Manuel Quintão:

---

100. *Ibidem.* [p. 18]

Dentre os nossos confrades, pode você salientar algum deles a que deva apoio decisivo para o lançamento do primeiro livro de sua mediunidade? [...] — Sim, considerando embora o reconhecimento que devo a numerosos companheiros de nossas atividades doutrinárias, sempre solícitos em estender-me os braços fraternos, não posso esquecer a figura inolvidável de Manuel Quintão, o evangelizador e escritor espírita, que, na diretoria da Federação Espírita Brasileira, recebeu com extremado carinho as cartas que enderecei a ele, encaminhando-lhe as poesias que passei a psicografar. Leu todo o material com atenção e começou a escrever-me, encorajando-me para o serviço mediúnico. Apresentou-me, para minha felicidade, a respeitáveis autoridades da doutrina espírita no Brasil, como sejam Dr. Guillon Ribeiro, Frederico Figner, Manoel Jorge Gaio, dentre os muitos apóstolos da nossa causa já desencarnados, lembrando-me, ainda, de que foi ele quem me apresentou pessoalmente ao nosso caro amigo Dr. Wantuil de Freitas, o digno e abnegado atual presidente da Casa de Ismael, com quem já mantinha ativa correspondência desde 1932, quando começaram a surgir, na imprensa espírita, as primeiras mensagens psicografadas através de nossas pequenas faculdades mediúnicas. Não exagero afirmando que, dentre os amigos encarnados, devemos a Manuel Quintão o lançamento do "Parnaso de Além-túmulo", em 1932.[101]

---

**101.** Elias Barbosa. *No mundo de Chico Xavier*. 9. ed. Araras: IDE, 1997. [p. 111]

No livro *Deus conosco* há uma interessante mensagem sobre a primeira viagem de Chico ao Rio de Janeiro, na então sede da Federação Espírita Brasileira. Chico esteve no Rio no dia 7 de junho de 1936 a serviço da repartição de Pedro Leopoldo, onde trabalhava. Resolvidos os problemas, conheceu os pontos turísticos e visitou a sede da FEB. Ficou hospedado na casa de Manuel Quintão. No culto do Evangelho no lar da família de Dr. Rômulo Joviano, Emmanuel se manifestou por intermédio de Chico Xavier, se referindo ao estado de ansiedade por que passava o médium em razão da viagem que efetuaria:

> Meu caro Xavier, muito vos prejudicastes hoje com o teu estado íntimo de intranquilidade, aguardando uma viagem tão natural! O Rio ainda não é outro mundo e já aprendeste muita coisa com o nosso convívio para estares com esses chiliques. Prepara-te para as peripécias, porque se procuro te guiar espiritualmente, vou até colaborar para que passes alguns apuros para adquirires experiências, vais ver! Às escondidas, hei de me rir de tuas coisas de menino! Tua mãe hoje não conseguiu as suas narrações do Infinito por causa do teu estado assustadiço e nervoso. Prejudicaste-me também na exposição de minha resposta e conseguiste quase subverter a ordem em nosso ambiente hoje. Quando sentares à mesa para as nossas confidências, faça-o com serenidade. Do contrário, não vale a

pena o nosso esforço. Mas hoje te perdoamos. Não repitas, porém. Vai dormir e prepara-te para as aventuras de "Gulliver".
Boa noite. Ide repousar.[102]

De acordo com *Reformador*, de 1.º de julho de 1936, em
um artigo intitulado "Francisco Xavier no Rio", e do livro
*Romaria da graça*, publicado em 1939, o próprio Manuel
Quintão também nos fala de outro personagem extremamente importante nessa ligação de Chico Xavier com
a Federação Espírita Brasileira: trata-se de José Cândido
de Andrade, fundador do Centro Espírita Bittencourt Sampaio, de Sete Lagoas, cidade a 40 km de Pedro Leopoldo,
aproximadamente.

Juca Andrade, como era mais conhecido, mantinha es-
treita ligação com os espiritistas do Rio de Janeiro, principalmente com Manuel Quintão. É o que podemos perceber
no artigo publicado na revista *Reformador*, onde também
podemos concluir que foi Juca Andrade quem orientou Carmen Penna Perácio no desenvolvimento de suas faculdades
mediúnicas.

---

102. Francisco Cândido Xavier; Espírito Emmanuel; Wanda Amorim
Joviano (org.); Geraldo Lemos Neto (org.). *Deus conosco*. 2. ed.
Belo Horizonte: Vinha de Luz, 2008. [p. 83–84]

Chico Xavier entre familiares e amigos, em 1939.
Entre eles, José Cândido de Andrade (Juca Andrade).
Na foto, de pé, é o terceiro da esquerda para a direita. [Acervo: FEB]

## Os antecedentes

Sabemos, por exemplo, e queremos aqui dizê-lo, por mais estranho se figure, que as ligações do médium Xavier com a "Casa de Ismael" antecedem de muito ao seu aparecimento na tela das atividades doutrinárias e foram articuladas pelos nossos guias, na tenda que aqui se armou em seu nome, há mais de meio século, vindo a constituir-se a célula-máter desta instituição, ora averbada, estilar e fulgurantemente, por Humberto de Campos, de "tesouro espiritual da Terra de Santa Cruz". Senão, veja-se: o médium ainda não abrira os olhos para o firmamento escampo da sua "Pedro Leopoldo", e já aqui perambulava, em penitências de amargurada boemia, o nosso prezado irmão e velho amigo José de Andrade (o Juca Andrade de Sete Lagoas), cuja frequência ao Grupo "Ismael", então presidido por Pedro Richard, lhe permitia enrijar a têmpera evangélica a benefício de seus pagos mineiros, tão certo como ainda hoje lá estar vivo, à testa do Centro "Bittencourt Sampaio" que é, sem favor nem lisonja, um elemento dos mais preciosos da nossa "organização federativa".[103]

## E completa o artigo, dizendo:

### Direito por linhas tortas

Vejamos como Deus escreve direito por linhas tortas. Correm anos, o menino Chico, cujas faculdades mediúnicas afloravam seivosas na inconsciência de seus sete anos, sofria as consequências da sua anormalidade incompreendida e estalonada na pauta de todas as presunções científicas e beatíficas, da debilidade mental ao satanismo ruvinhoso.

Vicissitudes e surpresas que dariam para um romance e que muito o aproximam de *Mistress d'Esperance*. Mais tarde, certo dia, obsidia-se uma irmã de Xavier. Família católica, daquela sabida e tradicional beatitude mineira, é claro que tudo fez para curar a pobre louca. Não faltaram injeções nem água benta, nem mesmo fumigações e afusões de macumba.

Mas o que todos ignoravam é que tudo aquilo coincidia com um voto secreto do jovem Chico, pedindo ao Espírito de

---

**103.** *Reformador*. Rio de Janeiro: FEB, julho de 1936. [p. 5–6]

sua progenitora que fizesse cessar o seu próprio tormento, sob pena de suicídio, qual já lhe insinuavam ardilosos, refeces, os campeões da treva. Foi nesse comenos que alguém se lembrou de Perácio. Que Perácio? Um confrade que, trabalhador da última hora, não deixara estiolar-se a semente no pedregulho das conveniências do mundo.

Cético, que tivera curado do mesmo mal a esposa, por intervenção de Juca Andrade, fazia agora o que lhe haviam feito. Cumpria-se o preceito da lei e mais – conjugavam-se nos bastidores do espaço os desígnios de Deus. Foi assim, em curso de tratamento da irmã de Cândido Xavier, que se lhe apuraram e disciplinaram, no estudo e na prece, as ótimas faculdades mediúnicas para a tarefa que agora vai penosa e vitoriosamente

Centro Espírita Bittencourt Sampaio, em Sete Lagoas, Minas Gerais. [Do livro *Romaria da graça*, [s.d.t.]]

171

desempenhando. Estava feita a ligação: Andrade curara a mulher de Perácio, este curara a irmã de Xavier e Xavier e sua família, todos, enfim, integrados na orientação do padroeiro do espiritismo no Brasil, originariamente haurida nesta casa, tomaram do arado para a lavra do Senhor.[104]

Mais uma vez é preciso dizer que a presença de Manuel Quintão, através da Federação Espírita Brasileira, foi decisiva, pois além de ter tido a coragem de publicar mensagens psicografadas por um desconhecido do interior mineiro, publicou artigos exaltando a mediunidade e a personalidade de Chico Xavier, estimulando-o na elaboração da primeira obra, fruto da sua psicografia, intitulada *Parnaso de além-túmulo*:[105]

---

104. *Ibidem*. [p. 6]
105. Em uma carta, Manuel Quintão fala para o Chico: "Para voltar ao 'nosso' livro, dir-lhe-ei que já comecei a escrever o prefácio e que, após conclui-lo com as informações que ora lhe peço e aguardo, lho remeterei para sancioná-lo, bem como o título que me ocorreu, *Parnaso d'além-túmulo*. Também penso em obter alguns retratos dos autores, de modo a fazermos um trabalho artístico apreciável" [sem data]. Em outra carta, datada de 2 de abril de 1932, Manuel Quintão fala novamente do *Parnaso*: "Posso hoje, finalmente, trazer-lhe conclusivas notícias sobre o 'Parnaso', que, salvo imprevistos, poderá circular no próximo mês de junho. [...] Quanto à edição, está assentado seja de 2.000 exemplares." [Francisco Cândido Xavier; Espíritos diversos; Geraldo Lemos Neto (org.); Sérgio Luiz Ferreira Gonçalves

Mostrei as poesias vindas com a sua carta de 28 p.p. aos senhores Leôncio Correa, Leal de Buzal, Guillon Ribeiro, bem como ao nosso Antônio Lima, fervoroso cultor dos poetas portugueses. Todos estamos de acordo sobre a sua origem mediúnica e perfeita identidade. [...] Minha opinião particular é, porém, a de que estas produções não devem ser cotadas à publicidade efêmera dos periódicos e sim fixadas em livro, a atestar a evidência do fenômeno e a grandeza da esmola que ele representa. [...] Para mim não há resquício de dúvida sobre a legitimidade do fenômeno e identidade dos autores. [Trecho de carta de Manuel Quintão a Chico Xavier, datada de 17 de outubro de 1931.][106]

No dia 21 de junho de 1927 foi constituído o Centro Espírita Luiz Gonzaga. E antes de completar um mês após a sua fundação, na memorável reunião do dia 8 de julho de 1927, Chico Xavier reiniciou a sua atividade mediúnica. Em entrevista concedida a Elias Barbosa, em 1967, Chico Xavier se lembrou de alguns companheiros presentes ao receber dezessete páginas de um amigo espiritual, numa noite fria de sexta-feira, em uma reunião pública do recém-fundado Centro Espírita Luiz Gonzaga. Participaram dessa reunião Ataliba Ribeiro Viana, o seu primeiro presidente, José

(org.). *Chico Xavier: o primeiro livro*. Belo Horizonte: Vinha de Luz, 2010. [p. 19]]

**106.** Francisco Cândido Xavier; Espíritos diversos; Geraldo Lemos Neto (org.); Sérgio Luiz Ferreira Gonçalves (org.). *Chico Xavier: o primeiro livro*. Belo Horizonte: Vinha de Luz, 2010. [p. 18–19]

Felizardo Sobrinho, José Cândido Xavier, José Hermínio Perácio, Carmen Penna Perácio, Antônio Barbosa Chaves, Agripino de Paula, Ornélia Gomes de Paula, Jacy Pena, Maria da Conceição Xavier, Zina Xavier e Nelson Pena.

No início da década de 1930, as dificuldades eram muito grandes. É o que podemos observar na ata do Centro Espírita Luiz Gonzaga, de 27 de outubro de 1930, cuja diretoria assim se constituiu: presidente, Galaor Teixeira da Costa; vice-presidente, Jacy Pena; secretário, Francisco Xavier; tesoureiro, José Felizardo Sobrinho e diretor de Trabalhos Doutrinários, José Hermínio Perácio. Nesse mesmo período, segundo a ata, houve a renúncia de vários sócios, ficando o quadro reduzido a nove associados, além dos citados acima: José Cândido Xavier, José Gomes, Agripino de Paula e Antonio Coelho.

Com o passar do tempo, o Centro Espírita Luiz Gonzaga ficou reduzido a um quadro de cinco pessoas: José Hermínio Perácio, Carmen Penna Perácio, José Cândido Xavier e sua esposa, Geni Pena Xavier, e Chico Xavier. Em 1934, o casal Perácio transferiu-se para Belo Horizonte. Geni Pena Xavier adoeceu, permanecendo somente os dois irmãos. José era seleiro e frequentemente tinha que trabalhar fora da cidade e em determinadas ocasiões apenas Chico Xavier representava a instituição.

No livro *Lindos casos de Chico Xavier*, Ramiro Gama destaca esse momento de profunda solidão do médium e estranheza dos vizinhos, que consideravam Chico uma pessoa amável, mas "diferente e estranha", pois ficava conversando com os chamados "mortos":

Vendo-se sozinho, o médium também quis ausentar-se. Mas na primeira noite em que se achou a sós no Centro, sem saber como agir, Emmanuel apareceu-lhe e disse:

— Você não pode afastar-se. Prossigamos em serviço.

— Continuar como? Não temos frequentadores...

— E nós? – disse o Espírito amigo. – Nós também precisamos ouvir o Evangelho para reduzir nossos erros. E, além de nós, temos aqui numerosos desencarnados que precisam de esclarecimento e consolo. Abra a reunião na hora regulamentar, estudemos juntos a lição do Senhor, e não encerre a sessão antes de duas horas de trabalho.

Foi assim que, por muitos meses, de 1932 a 1934, o Chico abria o pequeno salão do Centro e fazia a prece de abertura, às oito da noite em ponto.

Em seguida, abria "O Evangelho segundo o Espiritismo", ao acaso, e lia essa ou aquela instrução, comentando-a em voz alta.

Por essa ocasião, a vidência nele alcançou maior lucidez. Via e ouvia dezenas de almas desencarnadas e sofredoras que iam até o grupo, à procura de paz e refazimento. Escutava-lhes as perguntas e dava-lhes respostas sob a inspiração direta de Emmanuel.

Para os outros, no entanto, orava, conversava e gesticulava sozinho...

E essas reuniões de um médium a sós com os desencarnados, no Centro, de portas iluminadas e abertas, se repetiam todas as noites de segundas e sextas-feiras.[107][108]

Segundo Wagner Silva, filho de Lucília Xavier, irmã de Chico, o casal Perácio, quando se transferiu para a cidade de Pedro Leopoldo, residiu na Rua de São Sebastião, bem próximo de onde morava Chico Xavier. Além das sessões habituais no Centro Espírita Luiz Gonzaga, Chico também se reunia na residência do casal para receber as primeiras orientações sobre a sua mediunidade.

Do depoimento de Helena Paula da Silva (filha de Ornélia Gomes de Paula e sobrinha de Joaninha Gomes de Paula), podemos depreender as dificuldades dos primeiros anos do recém-criado Centro Espírita Luiz Gonzaga:

> Sou filha de Ornélia Gomes de Paula, mas fui criada por Joaninha Gomes, minha mãe de criação e tia. Eram criaturas muito humildes, mas companheiras leais de Chico, desde a fundação do "Luiz Gonzaga", quando da primeira sede, à Rua São Sebastião. Joaninha, criatura muito simples, paupérrima mesmo,

---

**107.** Ramiro Gama. *Lindos casos de Chico Xavier*. São Paulo: LAKE, 2000. [p. 66]

**108.** Segundo depoimento de Carmen Penna Perácio a Martins Peralva, a família permaneceu em Pedro Leopoldo de 1928 a 1934, entretanto, em razão das poucas oportunidades de trabalho na cidade, mudou-se para Belo Horizonte.

desencarnou em 1937. Ela iniciou-se no espiritismo, quando despontou a mediunidade. Nós morávamos neste mesmo lugar (hoje Dr. Rocha) em um casebre, ela sentia-se mal, tinha uma espécie de soluço. O Chico e a Tiquinha logo perceberam que se tratava de mediunidade, então ela começou a frequentar e, apesar de analfabeta, recebia até guias de luz, dando orientações e esclarecimentos. Eles estavam num lugar chamado Açude, sentados junto aos paredões, porque todos os domingos Chico, Ornélia e Joaninha tinham o hábito de fazer preces

Diná Viana Sales, Inah Ribeiro Viana (irmã de Ataliba Ribeiro Viana, um dos presidentes do Centro Espírita Luiz Gonzaga) e Enoi no local onde residiu o casal Perácio, no qual Chico Xavier recebeu as primeiras orientações sobre a sua mediunidade, segundo Jadir dos Santos Viana, em depoimento na obra *Depoimentos sobre Chico Xavier*, p. 47. [Acervo de Maria da Glória Viana de Azevedo (*in memoriam*) que residiu à Rua São Sebastião, 172]

ali. Naquele momento, Chico viu Emmanuel pela primeira vez e depois contou para minha mãe e minha tia a visão que teve. Foi um acontecimento que marcou época. Como zeladora, Joaninha encarregava-se de levar água e flores para o Centro e varrer a terra do chão, que era batido, uma casinha humilde, sem luz, que hoje já não existe mais, há uma outra construção no lugar. Lucília, irmã de Chico, conta que se lembra bem quando via Joaninha, da varanda de sua casa, com a bilha de água na cabeça, levando água para o Centro, porque o poço aqui de casa tinha uma água muito boa. Muitas sessões foram realizadas aqui nessa mesma rua, em casa de Ornélia, minha mãe. Chico ensinou-me a fazer bordados e a fazer pinturas, ele deveria ter uns 18 ou 19 anos, eu era menina. Quando eu sentia dificuldades nos exercícios escolares, ele me auxiliava. Ele foi secretário da "União Auxiliar Operária" e o Seu Ataliba, presidente. No exercício desse cargo, ele lançou um concurso para os meninos e meninas do Grupo Escolar São José: nós deveríamos escrever sobre o operário brasileiro, as meninas com o tema: "O operário brasileiro na economia do Brasil" e os meninos "O operário brasileiro na defesa do Brasil". Ele me deu uma orientação para escrever sobre o tema e auxiliou também um outro menino, cujo nome não me recordo, e a comissão julgadora deu o primeiro lugar a nós dois. Naqueles bons tempos, 1930, ganhei 50 mil réis. Foi uma festa! Chico promovia bailes muito bonitos. Certa vez, ele idealizou um que marcou época: as moças tinham faixas com os nomes dos Estados e os rapazes tiravam cartõezinhos onde estavam escritos também os nomes dos Estados. O rapaz olhava a moça que estava com a faixa correspondente ao Estado sorteado e tinha direito, então, de dançar com ela quatro ou cinco vezes. Chico também sorteou um cartão e dançou com minha irmã, que hoje está casada e já é avó. Tenho até hoje um livro que ele me deu, já está amarelado pelo tempo. Minha mãe de criação, Joaninha, era paupérrima, não podia comprar o livro do 3.º ano, o Grupo não tinha para emprestar, Chico pegou o dele e me deu, tenho até hoje guardado. Tantas alegrias, tantas coisas boas o Chico nos deu, fico até comovida em lembrar. A minha tia Joaninha trabalhava como cozinheira na casa do Seu Juca, o dono do armazém em que Chico estava empregado. Nas horas vagas ela também ia capinar na horta que pertencia ao mesmo Seu Juca e onde Chico colaborava depois de atender ao público do balcão. Essa horta era uma maravilha, ali Chico ouviu muitos poetas, cujas poesias estão hoje no "Parnaso". Quando nós estávamos no Grupo, Chico gostava muito de fazer quadrinhas, poesias e mesmo diálogos para nós dizermos nas festinhas. O Chico era assim. Organizava festas com teatro, pintava lencinhos para serem distribuídos de presente a cada criança que tomasse parte, aqui no Centro.[109]

De acordo com Ramiro Gama, as primeiras reuniões de articulação para a fundação do Centro Espírita Luiz Gonzaga ocorreram no empório de José Felizardo Sobrinho, onde Chico Xavier trabalhava.

---

109. *Folha Espírita*. São Paulo, dezembro de 1977. Edição especial comemorativa dos 50 anos de mediunidade de Chico Xavier. [p. 21–22]

A primeira sessão espírita no lar dos Xavier realizou-se em maio de 1927.

Em junho do mesmo ano, os companheiros dessa reunião cogitavam de fundar um núcleo doutrinário.

Era preciso fundar um centro – diziam.

E, certa noite, num velho cômodo junto à venda de José Felizardo, onde o Chico era empregado, o assunto voltou a debate.

Na assembleia, estavam apenas dois companheiros espíritas, contudo, junto deles, umas dez pessoas, sentadas, bebiam e comiam animadamente.

— Ah! Um centro espírita? Boa ideia! – comentava-se.

— Apressemos a fundação!

— Faremos tudo para ajudar.

— Será para nós um sinal de progresso.

E dentre as exclamações entusiásticas que explodiam surgiu a palavra de um cavalheiro respeitável, pedindo para que o centro fosse instituído ali mesmo. Quem seria o presidente? José Hermínio Perácio, o companheiro que acendera aquela nova luz do espiritismo em Pedro Leopoldo, morava longe, a cem quilômetros de distância. Mas o cavalheiro de faces avermelhadas prometeu, solene:

— Assumo a responsabilidade. A fundação ficará por minha conta. Chamem o Chico. Ele poderá lavrar a ata de fundação. Serei o presidente e ele terá as funções de secretário.

Depois de breve conversação, o grupo recebeu o nome de "Centro Espírita Luiz Gonzaga".

Chico lavrou a ata, que todos os presentes assinaram.

Mas, na manhã imediata, o cavalheiro que chamara a si a presidência voltou à venda de José Felizardo e pediu para que seu nome fosse retirado da ata, alegando:

— Chico, você sabe que sou de família católica e tenho meus deveres sociais. Ontem, aquele entusiasmo pelo espiritismo era efeito do vinho. Se vocês precisarem de mim, estou pronto para auxiliar, contudo, não posso aceitar o encargo de presidente.

A primeira assentada, da direita para a esquerda, é Joaninha Gomes de Paula, companheira de orações de Chico Xavier no Açude do Capão e no Centro Espírita Luiz Gonzaga. [Acervo: Memorial Centro Espírita Luiz Gonzaga]

— Mas e como ficaremos? – perguntou o Chico. – Eu sou apenas o secretário.

— Você faça como achar melhor, mas não conte comigo.

E o presidente saiu, deixando o Chico a pensar...[110]

O local da primeira tarefa espírita de Chico Xavier foi a sua própria residência, onde ocorreram as primeiras reuniões para o tratamento espiritual da irmã.

Minha primeira tarefa espírita foi a prece que se fez em torno de minha irmã doente, no próprio quarto em que ela se achava, em 7 de maio de 1927.[111]

Depois desses primeiros atendimentos, a irmã de Chico, com o consentimento da família, foi levada para tratamento na residência do casal Perácio na Fazenda de Maquiné, retornando logo em seguida em boas condições de recuperação:

Na segunda quinzena de junho de 1927, meu marido e eu acompanhamos a irmã de Chico a Pedro Leopoldo, com a alegria de restituí-Ia ao lar, curada da obsessão da qual fora acometida. Ali demoramo-nos por alguns dias. Compreendemos, então,

---

110. Ramiro Gama. *Lindos casos de Chico Xavier*. São Paulo: LAKE, 2000. [p. 46–47]

111. Elias Barbosa. *No mundo de Chico Xavier*. 9. ed. Araras: IDE, 1997. [p. 25]

que os nossos irmãos em Pedro Leopoldo necessitavam de um grupo espírita-evangélico. Meu esposo e eu, com alguns companheiros, fundamos o Centro Espírita Luiz Gonzaga, que funciona até hoje. Lembro-me de que na sessão pública de 8 de julho de 1927 (o Centro funcionava numa *residência particular*) ouvi um amigo espiritual aconselhando que Chico tomasse do lápis, a fim de experimentar a psicografia. Transmiti a recomendação e Chico obedeceu imediatamente, recebendo de maneira muito rápida várias mensagens, que foram assinadas por um benfeitor do Alto. [Depoimento de Carmen Penna Perácio a Martins Peralva.] [grifo meu][112]

Pelo fato de ainda não ter uma sede própria, entendemos que as primeiras orações realizadas em nome do recém-fundado Centro Espírita Luiz Gonzaga aconteceram, por um curto período, na residência de Chico Xavier, pois segundo o repórter Clementino de Alencar, no livro *Notáveis reportagens com Chico Xavier*, "a casa onde Chico Xavier reside com irmãos e irmãs, quase todos menores, é tão pequena e tão pobre no seu mobiliário que ali não se podem realizar as reuniões."[113]

112. *Ibidem*. [p. 162–163]
113. Hércio Marcos Cintra Arantes. *Notáveis reportagens com Chico Xavier*. Araras: IDE, 2002. [p. 27]

Entretanto, podemos afirmar que, efetivamente, as primeiras reuniões aconteceram na residência de Josepha Barbosa Chaves, segundo depoimento do próprio Chico a Elias Barbosa:

> O "Luiz Gonzaga" havia sido fundado no mês anterior, isto é, em 21 de junho de 1927. Então, o grupo não dispunha de sede própria. Reuníamos na residência da Sra. D. Josepha Barbosa Chaves, que nos havia emprestado um salão de sua casa, à Rua São Sebastião, em Pedro Leopoldo.[114]

Em outro esclarecedor depoimento de Chico Xavier na noite de 8 de julho de 1981, extraído do livro *Chico Xavier: mediunidade e coração*, podemos observar que além de Josepha Barbosa Chaves, que disponibilizou sua residência para as orações habituais, há referências a outros companheiros envolvidos nos primeiros passos da instituição:

> Lembro-me de D. Josefha [sic] Barbosa Chaves, em cuja residência efetuávamos as nossas primeiras reuniões e que partiu para a vida espiritual depois de alguns meses, após a noite de 8 de julho de 1927, à vista de problemas coronarianos, que se agravaram de uma hora para outra.

---

114. Elias Barbosa. *No mundo de Chico Xavier*. 9. ed. Araras: IDE, 1997. [p. 24]

Depois de poucos dias, aquele que presidia a nossa Casa, Ataliba Ribeiro Viana, sofria ruptura de vasos cerebrais e tornou-se hemiplégico, com a desencarnação chegando em poucas semanas.

Logo depois foi D. Joaninha Gomes, criatura de um maravilhoso coração, que ao se despedir de nós neste plano físico, na véspera da sua grande viagem, retirou de sob o travesseiro um pequeno envelope em forma de carta... Era a cópia de uma "Prece de Cáritas".

Recordo Agripino de Paula Cruz que, partindo logo após, na véspera da grande transformação, me ofereceu um volume de "O Evangelho segundo o Espiritismo".

Recordo José Felizardo Sobrinho, coração grande, com quem trabalhei em regime de subalternidade, pois ele era meu chefe, com quem trabalhei nove anos antes que a mediunidade despontasse em meu coração e em minhas mãos. Depois de alguns poucos anos, um companheiro de que dispunha, e que era meu irmão na consanguinidade, José Cândido Xavier, uma semana antes de partir me comunicou com bondade: "Eu desejo tanto ficar com você. Eu sinto que a minha viagem por este mundo é muito curta e que o meu tempo se aproxima..." O meu irmão, o nosso irmão na fé e no ideal, estava com 33 janeiros apenas e partiu depois de uma semana, após confiar-me os seus votos de boa vontade em meu favor... Recordo D. Júlia de Carvalho, que partiu com a provação da cegueira.[115]

---

115. Carlos Antônio Baccelli. *Chico Xavier: mediunidade e coração*. São Paulo: Ideal, 1985. [p. 27]

Além dessa sede provisória, os locais de encontro para o atendimento fraterno eram itinerantes, pois à medida que o trabalho ia se desenvolvendo muitos assistidos passaram a solicitar que as orações fossem feitas em sua casa. Outros atendimentos aconteciam em ambientes abertos, envolvidos apenas pela natureza. Acreditamos que as reuniões que aconteceram aos sábados ao pé do abacateiro e na Vila do Pássaro Preto, em Uberaba, significaram para Chico Xavier um retorno às suas origens quando havia iniciado esse trabalho na cidade de Pedro Leopoldo.

O Centro Espírita Luiz Gonzaga foi constituído em 21 de junho de 1927, data consagrada pelo catolicismo a São Luiz Gonzaga, e somente em 29 de outubro de 1928 foi registrado em ata, com sede provisória na residência de José Felizardo Sobrinho (a segunda sede) [vide fotografia à página 114], provavelmente em razão da desencarnação de Josepha Barbosa Chaves, mantendo-se, inclusive, a mesma diretoria eleita ainda em 1927: presidente, Ataliba Ribeiro Viana; vice-presidente, José Cândido Xavier; secretário, Francisco Cândido Xavier; tesoureiro, José Felizardo Sobrinho; procurador, Jacy Pena e o diretor de Trabalhos Espirituais, José Hermínio Perácio.

Na ata do Centro Espírita Luiz Gonzaga do dia 24 de junho de 1929, encontramos o seguinte texto, escrito pelo então secretário Chico Xavier: "Instalação, neste dia, da sede própria, à Rua São Sebastião".

Podemos deduzir que a chamada "sede própria" pode ter sido a residência do seu irmão José Cândido Xavier (portanto, a terceira sede), pois, ao se casar no dia 7 de janeiro

Primeira sede do Centro Espírita Luiz Gonzaga.
[Acervo: Arquivo Geraldo Leão]

de 1928, continuou morando na Rua de São Sebastião, em um pequeno barracão ao lado da casa da família Xavier.

Entretanto, com o crescimento da família, as dificuldades de desenvolver o ofício de seleiro nessa residência e as limitações do espaço físico para acolher os frequentadores do Centro foi obrigado a buscar uma residência maior, se transferindo para a então Rua Dr. Neiva.[116]

Em 1935, o repórter do jornal *O Globo*, do Rio de Janeiro, Clementino de Alencar, realizou um esclarecedor trabalho entre os dias 23 de abril e 25 de junho em Pedro Leopoldo.

Analisando a obra, constatamos que a quarta sede do Centro Espírita Luiz Gonzaga ficava situada na então Rua Dr. Neiva, uma homenagem a um dos engenheiros da Central do Brasil, local de trabalho (selaria) e residência de José Cândido Xavier:

> Inegavelmente, as sessões espíritas realizadas pelos irmãos Xavier se estão tornando verdadeiros acontecimentos, cuja repercussão atrai já até gente do Rio. E, a manter-se na mesma proporção até agora observada, o aumento de assistentes para cada nova reunião, é evidente que, em breve, não poderá mais

---

116. Estamos partindo do pressuposto de que José Cândido Xavier, quando se casou, continuou morando na Rua de São Sebastião, próximo à residência da família Xavier. Entretanto, também é possível que ao se casar ele tenha se mudado imediatamente para a Rua Dr. Neiva. O que podemos afirmar é que quando o repórter Clementino de Alencar esteve em Pedro Leopoldo, em 1935, ele já residia na Rua Dr. Neiva.

Residência do casal José Xavier e Geni Pena.
A terceira e quinta sedes do Centro Espírita Luiz Gonzaga.
[Acervo: Casa de Chico Xavier]

a casinha da Rua Dr. Neiva conter, de forma alguma, a afluência dos que, locais ou vindos de fora, procuram assistir ao sensacional transe semanal do "médium" de Pedro Leopoldo.[117]

Contando com o apoio do memorialista pedroleopoldense Geraldo Leão, podemos observar que a atual Rua Dr. Neiva em Pedro Leopoldo não é a mesma a que se refere o repórter Clementino de Alencar, mas parte da que hoje consideramos a rua principal da cidade, Rua Comendador Antônio Alves.

A Rua Comendador Antônio Alves foi instituída por decreto do então prefeito municipal Dr. Christiano Ottoni, em 1937. Até ali a rua se subdividia em três: da Praça Dr. Senra até o limite da Rua Dr. Herbster ela se chamava Rua Ferreira e Mello; dos limites da Rua Dr. Herbster até a Rua Romero Carvalho ela se chamava Dr. Neiva; e daí até o seu final se chamava Rua Jockey Clube.

Logo após o ano de 1935, por questões familiares e financeiras, a família de José Cândido Xavier e de Geni Pena Xavier passou a residir no mesmo barracão ao lado da casa de Chico, na Rua de São Sebastião. O local passou a ser a quinta sede do Centro Espírita Luiz Gonzaga, permanecendo ali até a construção da sua sede definitiva. Muitos biógrafos já falaram exaustivamente sobre o lugar, destacando, principalmente, a sua simplicidade arquitetônica:

---

117. Hércio Marcos Cintra Arantes. *Notáveis reportagens com Chico Xavier*. Araras: IDE, 2002. [p. 145]

Quarta sede do Centro Espírita Luiz Gonzaga, na Rua Dr. Neiva, em 1935. Na foto se encontram os Srs. César Julião de Sales, Aníbal Belisário, Maurício de Azevedo, Teodoro Viana, Romero Carvalho Filho, Maurício de Azevedo Carvalho, Gerson Barbosa Chaves, Fausto Joviano, Agripino de Paula, Chico Xavier, José Cândido Xavier, Anísio Fróes, José Viana Braga, Joaquim Antônio Costa, Leopoldo Mello, Francisco Teixeira, José Macedo, Geraldo Bhering, José Antônio Vieira e o repórter Clementino de Alencar. [Do livro *Notáveis reportagens com Chico Xavier*, p. 150]

O centro de Chico Xavier, o Luiz Gonzaga, era uma casa simples e pobre, ao lado de sua casa cor-de-rosa desbotada, também uma casa humilde. O salão de reuniões era muito pequeno. Mal dava para conter a mesa com um banco comprido, onde se sentavam o Chico e os oradores, e mais três bancos apenas, em frente, onde se sentavam aqueles que o buscavam. O resto ficava em pé, acotovelados por ali. Creio que se aglomeravam no estreito salão cerca de setenta pessoas nos dias em que estava mais cheio. Alguns ficavam olhando da porta...[118]

No livro *Inesquecível Chico*, os autores também reforçam a simplicidade do ambiente:

A simplicidade dominava o ambiente. Mobiliário rústico e indispensável: um caixote fixado na parede, à guisa de estante para guardar os livros, e a mesa ladeada de toscos bancos de madeira, sem nenhum acabamento...[119]

Na *Folha Espírita* de 1977, há o depoimento de André Luiz Xavier sobre a rotina do seu irmão Chico e as responsabilidades assumidas no Centro Espírita Luiz Gonzaga:

---

118. R.A. Ranieri. *Recordações de Chico Xavier*. São Paulo: LAKE, 1976. [p. 105]
119. Romeu Grisi; Gerson Sestini. *Inesquecível Chico*. São Bernardo do Campo: GEEM, 2008. [p. 21]

Participei mais ativamente da tarefa do Chico no período de 1942 a 1958. Devo confessar que naquela época eu não estava amadurecido. Somente agora, com a perseverança nos deveres espíritas, percebo melhor a importância de tudo que se passou em minha vida. Às segundas e sextas-feiras, quando terminava a reunião pública, Chico convidava os amigos para o café em minha casa. Em geral, a sessão terminava às 3 ou 4 horas da madrugada e o Chico contava muitos casos... Minha tarefa era auxiliá-lo na correspondência. A hora do correio era sagrada; todos os dias, às 13 horas, nós levávamos as cartas, que eram centenas, para despachar. Chico comia correndo, pois chegava do trabalho na Fazenda Modelo às 11:30 horas para o almoço, 13:30 ou 14:00 horas ele regressava para voltar em casa

Antiga Rua Dr. Neiva, onde foi instalada a quarta sede do Centro Espírita Luiz Gonzaga. [Acervo: Arquivo Geraldo Leão]

novamente por volta de 17:30, 18:00 horas. Eram muitos os deveres a que o Chico estava ligado: às segundas e sextas-feiras, as reuniões públicas a que me referi, que terminavam sempre altas horas da manhã; às terças-feiras, Chico trabalhava na psicografia de livros e na correspondência até 1:30 hora da manhã. Às quartas-feiras, participava de reuniões com o Dr. Rômulo Joviano e família na Fazenda Modelo, voltava meia-noite e tanto; às quintas-feiras fazia parte do Grupo Meimei, nas sessões de desobsessão; aos sábados, trabalhava até altas horas da manhã, psicografando livros e mensagens, e no domingo também ele psicografava o dia quase todo, recebendo amigos íntimos à noite. Chico gosta muito de música, às vezes, aos sábados, ele ia ao cinema.[120]

O poeta pedroleopoldense José Issa Filho lembra que depois de algumas reuniões no Centro Espírita Luiz Gonzaga, que terminavam de madrugada, Chico Xavier parava, sozinho ou acompanhado, para ouvir as canções cantadas por um grupo de amigos, entre eles Pacheco, Chico de Loura e a figura inesquecível de Elizeu Carlos Malaquias, o Zezeu, que no futuro viria a ser o presidente do Grupo Espírita Scheilla, instituição fundada por José Flaviano Machado (Zeca Machado), a pedido de Chico Xavier, na cidade de Pedro Leopoldo:

---

**120.** *Folha Espírita*. São Paulo, dezembro de 1977. Edição especial comemorativa dos 50 anos de mediunidade de Chico Xavier. [p. 36–37]

Chico Xavier e seu irmão André Luiz, no Centro Espírita Luiz Gonzaga, em 1952. [Acervo: Casa de Chico Xavier]

Em muitas daquelas noites Chico Xavier sentou-se ao nosso lado. As sessões do Centro Espírita Luiz Gonzaga acabavam tarde, e conversando com uns, consolando e animando outros, ele ficava na rua até que a claridade da manhã começasse a se misturar com a claridade das lâmpadas dos postes. Certas noites, principalmente quando o frio apertava, e era menor o número de pessoas que o procurava (naquele tempo ele ainda conseguia umas poucas horas de liberdade), parava junto de nós para ouvir alguns discos. Chico desde menino gostou de música. Acho que ao nosso lado ele conseguia descansar um pouco. Nós não lhe pedíamos conselhos, nem consolo, nem remédios; não lhe falávamos em sofrimento, em desespero, em solidão; não ansiávamos por contato com parentes desencarnados; não andávamos à procura de proteção contra encostos ou de amparo contra dificuldades nos negócios. (Todos os dias aparecia em Pedro Leopoldo alguém com um nó cego, que nem Santa Rita dos Impossíveis nem São Judas Tadeu conseguiriam desatar, querendo que o Chico o desatasse, ou alguém querendo que o Chico adoçasse o pedaço amargo que o mundo lhe reservou). É possível que ao parar junto de nós ele se sentisse num sítio sossegado e simples, de onde podia apreciar melhor a beleza do céu, que o sortimento de estrelas miúdas e graúdas tornava mais espaçoso. Nossa conversa era sobre música, sobre letras de músicas, sobre as coisas boas que Deus espalhou no mundo para tornar a vida mais doce.[121]

No depoimento do Dr. Celso de Souza Meirelles, marido de Maria Eunice Meirelles, amiga de Chico Xavier, da cidade de Uberaba, verificamos que além de doações de amigos Chico Xavier recebeu uma grande doação em dinheiro do Coronel Arlindo Ribeiro de Andrade, da cidade de São Paulo, para a construção da sede definitiva do Centro Espírita Luiz Gonzaga:

Em 1948, Chico Xavier foi presenteado com a importância de cinquenta contos de réis, pelo nosso confrade já desencarnado Coronel Arlindo Ribeiro, residente em Santos, Estado de São

---

121. José Issa Filho. *Coisas do reino de Pedro Leopoldo 1*. Pedro Leopoldo: Tavares, 1993. [p. 307–308]

José Flaviano Machado (Zeca Machado), fundador do Grupo Espírita Scheilla. [Acervo: Casa de Chico Xavier]

Paulo, à Rua Azevedo Sodré, n. 91, conforme informação do Dr. Rômulo Joviano, meu amigo, então chefe do médium em Pedro Leopoldo. Chico entregou a mencionada quantia em favor do Centro Espírita Luiz Gonzaga para compra e construção da sede do referido centro, em Pedro Leopoldo, Minas, plenamente desprendido da ideia de posse.[122]

No livro de atas do Centro Espírita Luiz Gonzaga não encontramos registros das reuniões de diretoria de 1934 a 1947. Somente a partir da sexta ata, registrada no dia 9 de junho de 1948, verificamos um breve histórico das atividades realizadas desde 1934 sob a responsabilidade de Francisco Cândido Xavier. Nessa mesma ocasião, Chico falou das

---

122. Rubens Sílvio Germinhasi (org.). *Luz bendita*. São Paulo: Ideal, 1992. [p. 138]

obras mediúnicas publicadas por seu intermédio desde o lançamento do *Parnaso de além-túmulo*, em 1932, além dos aspectos legais da instituição:

> O centro, reorganizado em 10/10/1934, teve seus estatutos registrados em 11 de novembro do mesmo ano, estatutos esses que foram publicados no "Minas Gerais", órgão oficial do Estado, em 31 do mesmo mês de novembro, providência com a qual o Centro Espírita Luiz Gonzaga adquiriu personalidade jurídica, perante as autoridades legalmente constituídas.[123]

Observamos que em razão da doação de Arlindo Ribeiro de Andrade para a construção da sede definitiva do Centro Espírita Luiz Gonzaga os poucos trabalhadores, entre eles Rômulo Joviano e Manoel Ferreira Diniz (mais conhecido como Lico), se reorganizaram para legalizar o recebimento da respectiva doação.

Na edição comemorativa dos 50 anos de mediunidade de Francisco Cândido Xavier, a *Folha Espírita* publicou uma reportagem com o depoimento de um dos grandes amigos de Chico Xavier, Manoel Ferreira Diniz:

> O Centro Espírita Luiz Gonzaga foi comprado pelo Coronel Arlindo Ribeiro de Andrade e doado ao grupo, é o mesmo terreno onde Chico morava, quando sua mãe ainda vivia. Dizem que ela lavava roupa debaixo das mangueiras que existem

---

123. Ata de 9 de junho de 1948.

Chico Xavier entre os amigos, entre eles Nair Machado e Adélia Machado de Figueiredo, de braço dado ao médium. Zeca Machado é o primeiro da esquerda para a direita, de pé. [Acervo: Casa de Chico Xavier]

no quintal. A sala de passes, onde se encontra o retrato de Emmanuel, corresponde ao quarto onde Chico nasceu, naturalmente modificado com a construção do centro, mas o lugar e a disposição são os mesmos.

A sede atual ficou pronta em 2 de abril de 1948, antes funcionava em um barracão na casa de Geni, esposa de José Xavier, ao lado da casa de Lucília. Nessa época, a fluência ainda não era muito grande, embora já desse para encher todo o terreno e ainda ficava gente de fora.

Quando passou para a sede definitiva, depois de 1950, o afluxo de gente já era enorme. O salão principal do "Luiz Gonzaga" tem oito metros por dez, pois ele ficava repleto de gente em pé. Tenho a impressão de que umas trezentas pessoas mais ou menos deviam comparecer, porque a rua ficava cheia de carros e, às vezes, vinham ônibus especiais. Os hotéis ficavam abarrotados. De todo o lado, por estrada de ferro, rodovias, chegavam os visitantes em busca da palavra dos Espíritos.

Chico chegava do trabalho na Fazenda Modelo por volta das 18 horas. Em torno das 19 horas começava o atendimento do povo; a princípio, a reunião de psicografia iniciava às 20 horas, depois passou para as 21, mas o horário de terminar era imprevisto, em geral de 3 a 5 horas da manhã. Mal ele tinha tempo de comer qualquer coisa, tomar um banho depois do trabalho, e ele já vinha para cá, carregando uma porção de gente, de forma que, na maioria das vezes, não jantava. Nas sessões públicas ele psicografava umas 400 receitas por noite, afora as que ele atendia em horário extra.[124]

E o próprio Manoel Ferreira Diniz finaliza, dizendo: "Antes de mim dirigiram o centro o José Perácio, o José Xavier, irmão do Chico, que desencarnou, o Martins Filho e o José Soares Diniz."[125]

A ata de 11 de junho de 1948, além de mencionar, por iniciativa do Dr. Rômulo Joviano, a manutenção da Biblioteca José Xavier, registra a constituição da nova diretoria: Rômulo Joviano, como presidente, André Luiz Xavier, como secretário, e o Manoel Diniz, como tesoureiro e diretor doutrinário. Dessa forma, a instituição se apresentava em condições legais de receber a respectiva doação, ficando registradas, nessa mesma ata, as seguintes cláusulas de compromisso:

> Em caso da necessidade de cumprimento do art. 4.º, dos Estatutos, isto é, se verificada a extinção das atividades do Centro, o patrimônio de bens imóveis que nele existirem passarão a pertencer ao Centro Espírita Ismênia de Jesus, de Santos, Estado de São Paulo, onde funciona à Rua Campos Melo, 312, por ser a

---

124. *Folha Espírita*. São Paulo, dezembro de 1977. Edição especial comemorativa dos 50 anos de mediunidade de Chico Xavier. [p. 33]
125. *Ibidem.*

instituição onde o generoso doador localizou a sede das suas tarefas de missionário da verdade e do bem no Brasil, ficando esse patrimônio sob a proteção do Centro Espírita Ismênia de Jesus, que o restituirá ao Centro Espírita Luiz Gonzaga, logo que esteja habilitado a funcionar de novo, nos mesmos moldes da atualidade, isto é, em serviço do espiritismo evangélico.

A Diretoria do Centro Espírita Ismênia de Jesus, de Santos, constituirá o Conselho Consultivo do Centro Espírita Luiz Gonzaga de Pedro Leopoldo para a administração do patrimônio doado pelo Sr. Arlindo Ribeiro de Andrade.

O Sr. Cel. Arlindo Ribeiro de Andrade será o Presidente Honorário de nossa instituição.[126]

No dia 2 abril de 1950, foi inaugurada a sexta e definitiva sede do Centro Espírita Luiz Gonzaga, exatamente no local onde Chico Xavier teria nascido há 40 anos. A construção da nova sede do Centro Espírita Luiz Gonzaga ficou sob a responsabilidade de alguns amigos, entre eles o construtor Lindolfo José Ferreira, marido de Maria Luiza Xavier, irmã de Chico Xavier. Na ata de inauguração, podemos perceber a emoção de Chico ao receber, simbolicamente, as chaves da instituição:

---

126. Ata de 11 de junho de 1948.

Aberta a porta, Francisco Xavier elevou a Deus enternecedora prece para aquela que, quarenta anos antes, no mesmo local onde se ergue hoje o Centro Espírita "Luiz Gonzaga", sua residência àquela data, recebia, humildemente, cheia de carinho materno, o médium a quem eram dadas hoje as chaves que o Dr. Rômulo lhe entregava.[127]

127. Ata de 2 de abril de 1950.

Em primeiro plano, Manoel Ferreira Diniz, o Lico. [Do DVD *Chico Xavier inédito: de Pedro Leopoldo a Uberaba*, Versátil Vídeo Spirite]

A seguir transcrevemos a mensagem psicografada por Chico Xavier, intitulada "Rogativa", transmitida pelo Espírito Pedro d'Alcântara, em papel timbrado do Centro Espírita Luiz Gonzaga, na noite de sua inauguração:

*Senhor, sobre este lar erguido às dores*
*Traze a consolação de tua graça...*
*Que esta casa de amor se abra a quem passa*
*Por refúgio bendito aos sofredores!...*

*Que a tua luz aqui brilhe sem jaça*
*Na palavra dos gênios benfeitores,*
*Que neste ninho em paz, tecido em flores,*
*Toda sombra da Terra se desfaça...*

*Conceda às nossas almas neste abrigo*
*O auxílio excelso de teu braço amigo,*
*No caminho do bem, amplo e fecundo!*

*Que sirvamos contigo, lado a lado,*
*No Brasil do Evangelho restaurado,*
*Onde traçaste o coração do mundo!...*

Logo após a desencarnação de José Cândido Xavier, a direção da instituição ficou a cargo do Dr. Rômulo Joviano, que em 1952 se transferiu para o Rio de Janeiro por razões pessoais e profissionais, assumindo, a partir daí, Manoel Ferreira Diniz, companheiro que também trabalhou com Chico Xavier na Fazenda Modelo e que permaneceu na instituição até a sua desencarnação, no final da década de 1970.[128]

## POR QUE CENTRO ESPÍRITA LUIZ GONZAGA

Investigando o livro *Chico Xavier à sombra do abacateiro*, de Carlos Antônio Baccelli, encontramos uma explicação do próprio Chico sobre o nome do Centro Espírita Luiz Gonzaga, durante uma dessas reuniões que aconteciam todos os sábados à tarde, em Uberaba:

---

128. Observamos na pesquisa de todas as atas do Centro Espírita Luiz Gonzaga que nem sempre quem estava inscrito na diretoria exercia efetivamente suas funções. Alguns biógrafos afirmam que José Cândido Xavier foi, de fato, o primeiro presidente da casa. Entretanto, pela ata, foi Ataliba Ribeiro Viana. De acordo com os documentos, quando Dr. Rômulo Joviano se transferiu para o Rio de Janeiro, em 1952, permaneceu como presidente até a sua desencarnação (em 7 de dezembro de 1970), posteriormente assumindo a sua filha Wanda Amorim Joviano. Contudo, já com a saída de Dr. Rômulo, quem, de fato, ocupou efetivamente a presidência foi Manoel Ferreira Diniz.

Perguntei ao Chico como foi que escolheram o nome de Luiz Gonzaga para o Centro de Pedro Leopoldo. Explicando, inicialmente, que Luiz Gonzaga era italiano, enfermeiro, tendo morrido aos 23 anos de idade no socorro aos bexigosos, como um autêntico mártir da solidariedade humana, acrescenta:

"Àquela época, eu tinha 16 anos e era o secretário do grupo. Quando nos reunimos para fundar o centro, era o dia 21 de junho, data consagrada pelo calendário a São Luiz Gonzaga.

Também, Lindemberg [sic] havia concluído a travessia do Atlântico na aeronave que levava o nome 'Espírito São Luiz', só que esse havia sido rei da França – o que foi ferido nas cruzadas e, ao que tudo indica, protetor de Allan Kardec. Então, para homenagear um e outro, demos ao nosso centro o nome de Luiz Gonzaga."[129]

Em outro livro, *Chico Xavier: mediunidade e ação*, também de autoria de Carlos Antônio Baccelli, podemos perceber que os primeiros organizadores da instituição entenderam que ao homenagear "São Luiz" estariam homenageando o jovem São Luiz Gonzaga (desencarnado em 21 de junho de 1591). Entretanto, o avião batizado por Charles Augustus

---

129. Carlos Antônio Baccelli. *Chico Xavier à sombra do abacateiro*. Catanduva: InterVidas, 2023. [p. 66–67]

Lindbergh de "O Espírito de São Luiz" era uma homenagem ao rei da França, Luiz IX, o protetor de Allan Kardec na Sociedade Parisiense de Estudos Espíritas:[130]

> O nome do Centro, por consenso geral, foi escolhido em homenagem a Lindemberg [sic] que, sem escalas, atravessara o oceano em seu avião, a que ele mesmo chamara "O Espírito de São Luiz". Só que os componentes do grupo pensavam tratar-se de São Luiz Gonzaga e não de São Luiz, o rei da França, que o piloto teve a intenção de homenagear. O fato é que São Luiz Gonzaga, que desencarnara muito moço, apareceu ao Chico e concordou em ser o protetor do Centro desde que, no entanto, um terço de suas atividades fosse dedicada aos sofredores. Foi sob a sua inspiração que o Chico iniciou, mais tarde, o trabalho de receituário. De qualquer forma, o outro São Luiz, lembrado por Lindemberg, [sic] foi o protetor de Allan Kardec e tanto com um quanto com outro ficamos em casa...[131]

130. Antes mesmo da I Guerra Mundial, atravessar o Atlântico sem escalas era a meta dos aeronautas e projetistas de aviões. De fins de 1926 até 1927, vários aviadores norte-americanos e franceses tentaram a conquista do Prêmio Orteig, em oferta desde 1919. Venceu a prova o piloto do correio aéreo americano, Charles Augustus Lindbergh, com o avião batizado de "The Spirit of Saint Louis".

131. *Ibidem*. [p. 17]

No livro *Inesquecível Chico*, de autoria de Romeu Grisi e Gerson Sestini, há outra versão, segundo os autores da referida obra, também contada por Chico Xavier, que disse que durante um sonho um benfeitor espiritual falou para o seu irmão José Cândido Xavier, já desencarnado, do equívoco ao escolher o patrono da instituição:

> O irmão de Chico continuou sua narrativa, contando-lhe que, em certa noite, aproximou-se dele um benfeitor que, compadecido, lhe disse:
> — José, lembra-se da escolha do nome a ser dado ao centro espírita de Pedro Leopoldo?
> Fez uma pausa e continuou:
> — Vocês, querendo homenagear Luiz IX da França, guia de Allan Kardec, equivocaram-se ao trocar o nome para o de Luiz Gonzaga, patrono da juventude italiana, cuja festa comemorativa é 21 de junho.[132]

O livro de atas da recém-fundada instituição tem inscrita a seguinte expressão em sua capa: "Atas do Centro Espírita S. Luiz Gonzaga". Além do mais é interessante observar que na "Ata de Instalação" do recém-fundado centro espírita, do dia 29 de outubro de 1928, o então secretário Francisco Xavier registrou claramente o nome da instituição como sendo uma homenagem ao jovem italiano Luiz

---

132. Romeu Grisi; Gerson Sestini. *Inesquecível Chico*. São Bernardo do Campo: GEEM, 2008. [p. 26–27]

Gonzaga: "[...] foi reorganizado o *Centro Espírita São Luiz Gonzaga*, ficando como dirigente a mesma diretoria com a qual tinha sido fundada em mil novecentos e vinte e sete." [grifo meu]

Entretanto, na ata seguinte, escrita dois dias depois pelo mesmo secretário, o nome da instituição parece homenagear o protetor de Allan Kardec, o rei São Luiz: "Aos trinta e um dias do mês de outubro de mil novecentos e vinte e oito, reuniram-se na sede interina do *Centro E.S. Luiz*, os componentes do mesmo." [grifo meu]

De qualquer forma, mesmo considerando a confusão inicialmente estabelecida, ficou definido que tanto o jovem São Luiz Gonzaga quanto o rei São Luiz se transformariam nos protetores espirituais do recém-criado centro, instituição que passou a formar e a preparar um novo grupo de trabalhadores para o movimento espírita de Pedro Leopoldo e demais regiões do país, sob a inspiração dos primeiros trabalhadores do Centro Espírita Amor e Luz.

Fotografia de 1958 destacando
o Centro Espírita Luiz Gonzaga – sede definitiva.
[Acervo: Arquivo Geraldo Leão]

NO DIA 21 DE JUNHO DE 1927 FOI CONSTITUÍDO O CENTRO ESPÍRITA LUIZ GONZAGA. E ANTES DE COMPLETAR UM MÊS APÓS A SUA FUNDAÇÃO, NA MEMORÁVEL REUNIÃO DO DIA 8 DE JULHO DE 1927, CHICO XAVIER REINICIOU A SUA ATIVIDADE MEDIÚNICA.

GRUPO
MEIMEI

**D**evo explicar que sou também médium para serviço de doutrinação a entidades perturbadas e sofredoras. Desde 1928, frequento sessões de desobsessão e, há muitos anos, esse meu esforço é semanal. Em Pedro Leopoldo, participei das reuniões dessa modalidade que se realizavam no "Centro Espírita Luiz Gonzaga" e, depois, no "Grupo Espírita Meimei".

Elias Barbosa. *No mundo de Chico Xavier.* 9. ed. Araras: IDE, 1997, [p. 65]

**C**URIOSAMENTE, AO REUNIR INFORMAÇÕES SOBRE O
Grupo Meimei, sob a forma de documentos, recursos icono-
gráficos e depoimentos dos que participaram das primeiras
e memoráveis reuniões, nos deparamos com a escassez de
dados e observamos que o próprio movimento espírita nacional, em se tratando de Pedro Leopoldo, pouco se refere
ao Grupo Meimei.[133]

Podemos entender que em razão do número limitado
de pessoas que participavam dessas reuniões e do seu caráter privativo, o Grupo Meimei permaneceu quase que tão-
-somente na memória daqueles participantes que puderam
colaborar na assistência aos desencarnados e desfrutar da
presença de benfeitores espirituais por meio da psicofonia
de Chico Xavier e de outros companheiros de ideal.

Segundo Arnaldo Rocha, no prefácio do livro *Instruções psicofônicas*,

---

133. Além do Centro Espírita Luiz Gonzaga e do Centro Espírita
Meimei, o movimento espírita de Pedro Leopoldo conta com o
Grupo Espírita Scheilla, o Centro Espírita Beneficente Bezerra
de Menezes, o Templo Espírita Leopoldo Cirne, o Grupo Espírita Chiquinho Carvalho, o Centro Espírita Casa do Caminho e
o Grupo Espírita A Caminho da Luz. Além dessas instituições
espíritas, existem duas na cidade de Matozinhos vinculadas a
Pedro Leopoldo: o Centro Espírita Amor e Luz e o Centro Espírita Albino Teixeira. Atualmente, são dez instituições espíritas
filiadas à Aliança Municipal Espírita (AME), órgão de caráter
unificador.

Corria o ano de 1951 e frequentes se faziam nossas excursões de Belo Horizonte, onde residimos, a Pedro Leopoldo, hoje região suburbana da capital mineira. Em conversações fraternas e amigas com o nosso companheiro de ideal Francisco Cândido Xavier, muitas vezes observávamos o volume crescente dos casos de obsessão que procuravam incessantemente as reuniões públicas do "Centro Espírita Luiz Gonzaga", nas noites de segundas e sextas-feiras.[134]

Em um depoimento dado à Dra. Marlene Nobre em 1977, o companheiro José de Paulo Virgílio, um dos fundadores do Centro Espírita Beneficente Bezerra de Menezes em Pedro Leopoldo, descreve como chegou a participar do início da construção do Grupo Meimei. Segundo ele, depois de ter acidentado o pé, e correndo o risco de amputá-lo, Chico Xavier, orientado pelo médico espiritual Dr. Bezerra de Menezes, realizou um tratamento com sucesso. Chico o procurou dias depois em sua residência e falou claramente:

— Escute aqui, meu filho, nós estamos construindo o Centro Espírita Meimei, no que é que você pode nos ajudar?

Eu sou bombeiro eletricista e pensei comigo: "Estou doente e esse homem vem falar de serviço!"

Ele leu meu pensamento:

---

134. Francisco Cândido Xavier; Espíritos diversos; Arnaldo Rocha (org.). *Instruções psicofônicas*. Rio de Janeiro: FEB, 1955. [p. 12]

— Olha, meu filho, você só vai explicar como se faz o serviço, não precisa fazer nada.

Fiquei impressionado com a resposta, eu não tinha dito nada. Aí resolvi:

— Eu vou amanhã.

E no dia seguinte peguei a muleta e fui.

Eles estavam fazendo um salão grande, um banheiro e um alpendre, instruí o serviço. Mas o servente de pedreiro não entendia nada de eletricidade e eu fui fazendo devagarzinho, conforme minhas forças.

Nos intervalos, bebia da água que ficava sobre a mesa, sem saber que era água fluida. Acabava de almoçar depressa para voltar à tarefa.

Chico passava por lá e dizia:

— Que beleza! Já está ficando quase tudo pronto!

Faltavam quatro dias para a inauguração quando o serviço já estava quase pronto.[135]

Em 31 de julho de 1952, foi fundada por Chico Xavier e alguns amigos a segunda instituição espírita da cidade: o Grupo Meimei (portanto, a terceira instituição espírita de Pedro Leopoldo). Quem era o responsável por conduzir as reuniões de assistência aos desencarnados no Centro Espírita Luiz Gonzaga era o irmão de Chico Xavier, José

---

135. *Folha Espírita*. São Paulo, dezembro de 1977. Edição especial comemorativa dos 50 anos de mediunidade de Chico Xavier. [p. 34]

Cândido Xavier. A partir de 1939, com a sua desencarnação, as atividades foram interrompidas e somente treze anos depois recomeçaria o trabalho de desobsessão ou assistência aos desencarnados com a fundação desse novo grupo.

Presença de familiares de D. Josefa na entrada do então Grupo Meimei. [Acervo: Josefa Soares dos Santos]

Leia o poema "Rabiscos", de José Xavier, irmão de Chico.

Vale aqui destacar a importância de José Cândido Xavier na vida pessoal e mediúnica de Chico, pois além de permanecer ao seu lado desde o início da sua tarefa assumiu papéis de pai, amigo, orientador e conselheiro.[136]

O nome "Grupo Meimei", segundo Arnaldo Rocha, foi sugerido pelo Chico com a concordância de um grupo de amigos que trabalhou na organização dessa instituição em seus primeiros passos, como forma de homenagear sua primeira esposa, a companheira Irma de Castro Rocha, mais conhecida como Meimei, desencarnada em 1946.

Segundo depoimento de Arnaldo Rocha a Geraldo Lemos Neto, a instituição deveria se chamar "Casa dos Espíritos", nome aprovado também por Clóvis Tavares, da cidade de Campos, RJ, o que não teria sido aceito pelo Chico, pois tal denominação poderia criar algum problema com a comunidade católica pedroleopoldense. Arnaldo também sugeriu outro nome: Centro Espírita Allan Kardec, que também não foi aprovado pelos companheiros.

Inicialmente, as reuniões mediúnicas do Grupo Meimei aconteceram na Rua de São Sebastião, na residência da viúva de José Cândido Xavier, Geni Pena Xavier, a quinta sede do Centro Espírita Luiz Gonzaga. Dois anos depois as atividades foram transferidas para a sua sede definitiva, à Rua Benedito Valadares, 61-A.

---

136. José Cândido Xavier nasceu em 30 de maio de 1905, portanto, era cinco anos mais velho que Chico Xavier e desencarnou em 19 de fevereiro de 1939, antes de completar 34 anos.

Em depoimento de Chico Xavier na década de 1980, a construção da sede ficou projetada para o fundo do lote intencionalmente adquirido como estratégia para não chamar as atenções dos moradores com as comunicações dos Espíritos sofredores. Na época, as crendices e superstições em relação às práticas mediúnicas espíritas na pequena Pedro Leopoldo eram muito maiores do que hoje.

Chico Xavier com o repórter Clementino de Alencar e seu irmão José Xavier. [Do livro *Notáveis reportagens com Chico Xavier*, p. 34]

Como as reuniões do Centro Espírita Luiz Gonzaga aconteciam às segundas e sextas-feiras, o trabalho de desobsessão do Grupo Meimei passou a acontecer todas as quintas, permanecendo até hoje no mesmo dia e horário estabelecidos pelos primeiros trabalhadores.

Ainda segundo Arnaldo Rocha, na noite de 11 de março de 1954, através da generosidade de Carlos Torres Pastorino, da cidade do Rio de Janeiro, o Grupo Meimei foi presenteado com um gravador de fita de rolo, utilizado desde então para registrar os momentos inesquecíveis com Francisco Cândido Xavier, como consta nos livros *Instruções psicofônicas* e *Vozes do grande além*, ambos publicados pela Federação Espírita Brasileira.[137]

Até 1988, segundo Eugênio Eustáquio dos Santos, um dos diretores do Grupo Meimei, hoje Centro Espírita Meimei, não havia nenhum registro oficial do grupo. Esse fato foi observado quando ele e um grupo de amigos resolveram

---

137. O companheiro de ideal Oceano Vieira de Melo, da Versátil Vídeo Spirite, da cidade de São Paulo, vem desenvolvendo um excelente trabalho na recuperação da memória histórica do movimento espírita brasileiro. Destaco o resgate de grande parte dessas gravações da psicofonia de Chico Xavier no antigo Grupo Meimei. Em 2013, a Vinha de Luz Editora publicou a obra *Registros imortais*, organizada por Eugênio Eustáquio dos Santos, com mensagens inéditas da psicofonia de Chico Xavier e de inúmeros outros médiuns participantes do Grupo Meimei a partir de 4 de outubro de 1956, que dão sequência às obras *Instruções psicofônicas* e *Vozes do grande além*, organizadas por Arnaldo Rocha em 1955 e 1957, respectivamente.

fundar e registrar o Grupo Espírita Chiquinho Carvalho, outra instituição que também utiliza as mesmas dependências físicas do Meimei.[138]

Para regularizar o Grupo Espírita Chiquinho Carvalho, foi necessário regularizar o Grupo Meimei, por meio de uma convocação da Assembleia Geral, ocorrida no dia 28 de março de 1988. Foi nessa mesma reunião que o nome passou de Grupo Meimei para Centro Espírita Meimei e na qual foi prestada uma homenagem a todos os companheiros fundadores da instituição.

Entre os antigos trabalhadores do então Grupo Meimei, gostaria de destacar duas pessoas que tive o privilégio de conhecer: a irmã de Chico Xavier, Cidália Xavier de Carvalho, que colaborou no grupo como médium psicofônica, com exemplos diários de fé em Deus e vontade de viver sempre com esperança e alegria, e a companheira Josefa Soares dos Santos, que por mais de 50 anos exerceu com amor e humildade a função de "guardiã" e zeladora da instituição. Cidália desencarnou no dia primeiro de maio de 2015 e Josefa desencarnou em 9 de junho de 2015.

---

138. Francisco Teixeira de Carvalho (Chiquinho Carvalho), marido de Cidália Xavier de Carvalho, trabalhou por muitos anos no Centro Espírita Luiz Gonzaga e no Grupo Meimei, se transformando em uma das maiores referências do movimento espírita de Pedro Leopoldo.

Vale também ressaltar que o Meimei também ofereceu as suas dependências para o funcionamento do Grupo Espírita Scheilla, fundado por José Flaviano Machado (Zeca Machado) em 3 de agosto de 1954, no qual funcionou (e ainda funciona, mesmo com sede própria) todas as terças-feiras. Tal fato nos leva a concluir que o movimento espírita de Pedro Leopoldo também tem uma gratidão histórica para com a instituição, pois num mesmo espaço existiram e ainda existem três casas espíritas ocupando as mesmas dependências físicas, o que representa um ideal de fraternidade e união das casas espíritas em nossa cidade.

EM RAZÃO DO NÚMERO
LIMITADO DE PESSOAS
QUE PARTICIPAVAM
DAS PRIMEIRAS E
MEMORÁVEIS REUNIÕES
E DO SEU CARÁTER
PRIVATIVO, O GRUPO
MEIMEI PERMANECEU
QUASE QUE TÃO-SOMENTE
NA MEMÓRIA DAQUELES
PARTICIPANTES QUE
PUDERAM COLABORAR
NA ASSISTÊNCIA AOS
DESENCARNADOS E
DESFRUTAR DA PRESENÇA
DE BENFEITORES
ESPIRITUAIS POR MEIO DA
PSICOFONIA DE CHICO
XAVIER E DE OUTROS
COMPANHEIROS DE IDEAL.

# O MÉDIUM
# CHICO XAVIER

Cresci debaixo de muitos conflitos íntimos, porque de um lado estavam as pessoas grandes que me repreendiam ou castigavam, supondo que eu criava mentiras, e do outro lado estavam as entidades espirituais, que perseveravam comigo sempre. Disso resultou muita dificuldade mental para mim, porque eu amava os Espíritos que me apareciam, mas não queria vê-los para não sofrer punições da parte das pessoas encarnadas com quem eu precisava viver.

9

Elias Barbosa. *No mundo de Chico Xavier*. 9. ed. Araras: IDE, 1997. [p. 27]

**U**M DOS ASPECTOS QUE AINDA SUSCITA POLÊMICAS em torno da personalidade de Chico Xavier está direcionado ao exercício de sua faculdade mediúnica, mesmo considerando que em 75 anos de trabalhos mediúnicos sequer houve a formalização de uma denúncia que tenha sido comprovada.

As reportagens de Clementino de Alencar pelo jornal *O Globo*, em 1935, a polêmica levantada pela imprensa sobre a autenticidade das mensagens de Humberto de Campos, em 1944, a montagem das reportagens dos repórteres David Nasser e Jean Manzon da revista *O Cruzeiro* em 1944 e, finalmente, o sucesso dos programas *Pinga-Fogo* em 1971 desencadearam uma grande popularização da figura humana de Chico Xavier.[139] Houve uma identificação nacional com aquele mineiro pobre, honesto, simples e que nunca fez qualquer referência desrespeitosa a nenhum movimento religioso, angariando a simpatia de várias expressões brasileiras do mundo político, religioso e artístico.

Podemos afirmar com tranquilidade que, com a força do seu exemplo, Chico popularizou o movimento espírita no país, atraindo multidões e inspirando uma série de instituições sociais no Brasil e no exterior. Na história do

---

139. Indiscutivelmente, a partir de 1971, com a participação de Chico Xavier no programa *Pinga-Fogo* (julho e dezembro) da extinta TV *Tupi*, o espiritismo tomou impulso considerável. Vale aqui destacar o trabalho de recuperação histórica desse programa, por meio dos esforços do jornalista Saulo Gomes e de Oceano Vieira de Melo, da Versátil Vídeo Spirite.

espiritismo brasileiro, e sem desconsiderar as contribuições de outros espiritistas, é possível falar e caracterizar
o movimento espírita em antes e depois de Chico Xavier.

Extraímos do livro *Notáveis reportagens com Chico
Xavier* um depoimento do médico pedroleopoldense Dr. Christiano Ottoni, quando indagado sobre os fenômenos que
aconteciam com Chico Xavier em Pedro Leopoldo, no início
da sua trajetória mediúnica:

> O caso, entretanto, merece estudo. E, se bem estudado, é pro-
> vável que, mais dia menos dia, a psicanálise dê também sua
> explicação sobre o assunto. Há muito, nisso tudo, parece-me,
> uma questão de sexo. Não seria demais falar-se também, aí,
> em histeria. Aliás, em todos os casos de mediunidade, essa
> palavra cabe. Ademais, o "médium", sendo um descontínuo,
> apresentando nos dois estados alternados o normal e o anor-
> mal, apresenta-nos, pois, além do primeiro, os fenômenos anor-
> mais do segundo. Ora, a ciência que não deixa de lado outros
> fenômenos assim qualificados não há de abandonar também
> os problemas ditos espíritas.[140]

Dessa mesma obra, extraímos dois depoimentos do
também médico Dr. Melo Teixeira, distinto professor de
psiquiatria da então Universidade de Belo Horizonte:

---

140. Hércio Marcos Cintra Arantes. *Notáveis reportagens com Chico
Xavier*. Araras: IDE, 2002. [p. 88]

Não se pode negar: estamos diante de um fenômeno lídimo, visto, presenciado. Haverá, naturalmente, os que acusam esse rapaz de fabricar pastiches. É uma hipótese para observador distante e superficial, mas não para os que presenciem e se inteirem, como o fizemos hoje, do fenômeno.

[...]

Sentimo-nos diante de uma força ultranormal. Dadas a variedade de estilos e cultura, e as circunstância em que vimos o "médium" grafar os trabalhos, e considerada ainda a sua pouca instrução, sente-se que não há possibilidade de elaboração individual, no caso.[141]

Em uma mensagem psicografada no dia 6 de dezembro de 1934, na cidade de Pedro Leopoldo, através do próprio médium Xavier, Eça de Queirós, o famoso poeta português, escreveu uma crônica intitulada "Julgando Opiniões", na qual fala dos preconceitos, das preocupações e das muitas explicações da época em torno do fenômeno mediúnico Chico Xavier.

A autora do livro *Testemunhos de Chico Xavier*, Suely Caldas Schubert, comenta a fase inicial da mediunidade de Francisco Cândido Xavier, marcada por muitas dúvidas e dificuldades:

Leia, na íntegra, a mensagem de Eça de Queirós.

---

141. *Ibidem.* [p. 160]

Expressão cansada de Chico, em 1944, em razão das constantes perseguições, entre elas, da família de Humberto de Campos e dos repórteres David Nasser e Jean Manzon, da revista *O Cruzeiro*. [Acervo: Casa de Chico Xavier]

Por ter publicado alguns trabalhos com a assinatura de F. Xavier, algumas pessoas acusaram Chico Xavier de pastichador, quando ele passou a colocar nos trabalhos subsequentes a assinatura de seus verdadeiros autores.[142]

Vale aqui ressaltar que de 1927 a 1931, fase considerada de experimentação de sua mediunidade, algumas produções mediúnicas no período não traziam assinatura dos Espíritos comunicantes e, por recomendação de alguns amigos de Pedro Leopoldo, tais mensagens começaram a ser publicadas na imprensa espírita, como os jornais espíritas *Aurora* e *O Clarim*, a revista *Reformador*, e, posteriormente, na imprensa leiga, como o *Jornal das Moças*, do Rio de Janeiro, a *Gazeta de Notícias* e o *Almanaque de Lembranças*, de Portugal, e o suplemento literário de *O Jornal*. As mensagens eram assinadas com a expressão "F. Xavier".[143]

Em entrevista concedida ao professor Ismael Gomes Braga, ao completar 40 anos dedicados à mediunidade, Chico Xavier falou sobre o episódio e esclareceu:

> Meu irmão José Cândido Xavier e alguns amigos de Pedro Leopoldo, como, por exemplo, Ataliba Ribeiro Viana, achavam que as páginas deviam ser publicadas com meu nome, já que não

---

142. Suely Caldas Schubert. *Testemunhos de Chico Xavier*. Rio de Janeiro: FEB, 1986. [p. 332]
143. Ver: João Marcos Weguelin. *Inácio Bittencourt, o apóstolo da caridade*. Rio de Janeiro: CRBBM, 2023. [p. 74]

traziam assinatura, e essas publicações começaram no jornal espírita "Aurora", do Rio de Janeiro, que era dirigido, nessa época, pelo nosso confrade Inácio Bittencourt, a quem Ataliba escreveu perguntando se havia algum inconveniente em lançar as citadas páginas com meu nome. Inácio Bittencourt respondeu que não via inconveniente algum, desde que as produções escritas por minhas mãos não trouxessem assinatura. Ninguém poderia afirmar se eram minhas ou não, e que ele as publicaria, não por meu nome, mas pelas ideias espíritas que elas continham. Aí começaram nossos amigos de Pedro Leopoldo a enviar essas produções para diversos setores, obedecendo ao entusiasmo pelos trabalhos nascentes da doutrina espírita em nossa terra.[144]

Em *Reformador*, identificamos que os primeiros versos atribuídos a F. Xavier apareceram nas seguintes datas: 16 de fevereiro de 1930, intitulado "Os Felizes"; em 16 de maio de 1930, podemos observar outra produção, intitulada "O Cristo de Deus"; em 1.º de julho de 1931, o poema "Da Treva à Luz" e, finalmente, a quarta e última mensagem publicada nessa revista em 16 de julho de 1931, intitulada "Crê". Todos posteriormente modificados com os nomes dos seus respectivos autores espirituais.

Em uma carta ao então presidente da Federação Espírita Brasileira, Chico Xavier novamente esclarece:

---

144. *Reformador*. Rio de Janeiro: FEB, julho de 1967. [p. 5–8]

[...] Aquele soneto, cuja cópia me enviaste (lembro-me bem) é de Anthero de Quental. É da coleção que o José, meu irmão, distribuiu por várias publicações, colocando "F. Xavier", no intuito de estimular-me ao "futuro literário", como dizia ele. Escrupulosamente, registrava as produções que eu ouvia ou escrevia quase que automaticamente, sem pôr os nomes dos verdadeiros autores, que só se evidenciaram plenamente aos meus sentidos de 1931 para cá, quando então as minhas dúvidas, para minha felicidade, começaram a se extinguir para sempre. Nesse sentido, há todo um livro de versos para crianças, intitulado "Lições de Angelita", que ouvi de João de Deus e que o José enviou ao "Aurora", de Ignácio Bittencourt, com o nome "F. Xavier". Foi publicado em números sucessivos, não sei bem se em 1928–1929 ou 1930. Desse livro que, no tempo, me pareceu interessante, não mais vi a cópia. Será que a gente poderia obter isso, isto é, os números de "Aurora", na Biblioteca da FEB? Estimaria rever o mencionado trabalho que, em 1931, fiquei sabendo ser de João de Deus. [...]

Nas coleções de "Aurora", de 1928 a 1932, há numerosos trabalhos do Espírito João de Deus, cuja autoria somente pude reconhecer, mediunicamente, em 1931. Não conseguiríamos as coleções dos anos referidos para que eu pudesse fazer um reestudo e minuciosa vistoria? [...][145]

---

145. Suely Caldas Schubert. *Testemunhos de Chico Xavier.* Rio de Janeiro: FEB, 1986. [p. 331–332]

Em entrevista concedida a Wallace Leal V. Rodrigues, Chico Xavier, didaticamente, fala que a sua faculdade mediúnica passou por três fases distintas:

> Preliminarmente, devo afirmar que, a meu ver, tive três períodos distintos em minha vida mediúnica. O primeiro, de completa incompreensão para mim, é aquele, dos cinco anos de idade, quando via minha mãe desencarnada, a proteger-me, até os dezessete anos, época em que me via sob a influência de entidades felizes e infelizes, até que a doutrina espírita, por misericórdia do Senhor, penetrou nossa casa, em maio de 1927; o segundo período foi, sem dúvida, de aprendizagem e ensaios, de 1927 a 1931, no qual psicografei centenas de mensagens que os benfeitores espirituais, mais tarde, determinaram fossem inutilizadas porque, na opinião deles, essas mensagens eram esboços e exercícios de entidades diversas que, caridosamente, me adestravam para as tarefas em perspectiva; o terceiro período começou com a presença de nosso abnegado Emmanuel, que, em 1931, assumiu o encargo de orientar todas as atividades mediúnicas em que me encontro de 1931 até agora. Quero admitir que desse tempo até hoje vivo num período de mediunidade dirigida. Emmanuel somente apareceu em minha experiência mediúnica em 1931, quando atingi a maioridade física.[146]

---

146. Elias Barbosa. *No mundo de Chico Xavier*. 9. ed. Araras: IDE, 1997. [p. 119]

Em depoimento ao professor Herculano Pires, uma das grandes expressões espíritas da época, Chico Xavier falou sobre a sua produção mediúnica:

> O primeiro plano de Emmanuel foi de trinta livros, que cumpri até 1947; o segundo foi de 60, cumprido até 1958; de 1959 para cá, não me compete saber dos seus planos, mas apenas obedecer. É o que estou fazendo e não sei a quantos livros chegaremos.[147]

Em novas cartas endereçadas ao então presidente da Federação Espírita Brasileira, Antônio Wantuil de Freitas, a primeira datada de 30 de março de 1946, e a segunda datada de 11 de junho de 1957, observamos que na pequena Pedro Leopoldo muitas foram as pressões exercidas sobre o homem e médium Chico Xavier:

> O padre Júlio Maria (era um padre francês, segundo apontamentos de Wantuil, a lápis, na carta) começou uma série de trabalhos combativos contra o "Parnaso de Além-túmulo" e, depois, contra Emmanuel e os nossos amigos da Espiritualidade, em agosto de 1932. Durante doze a treze anos, escreveu mensalmente artigos de excomunhão e perseguição sombrios. Quando esse amigo desencarnou, ultimamente disse-me Emmanuel: "Vamos orar pelo nosso irmão Júlio Maria; com ele sempre tivemos um cooperador maravilhoso – dava-nos

---

147. Carlos Antônio Baccelli. *Chico Xavier: mediunidade e coração*. São Paulo: Ideal, 1985. [p. 55]

coragem na luta e concitava-nos a trabalhar." Os adversários são nossos valiosos instrutores e colaboradores de importância. Foi Emmanuel quem também me disse um dia: "Não te aflijas com os que te batem – o martelo que atormenta o prego com pancadas fá-lo mais seguro e mais firme."[148]

Em uma dessas cartas endereçadas ao presidente da Federação Espírita Brasileira, Chico Xavier expôs parte dessas lutas em sua cidade natal, principalmente as pressões exercidas por alguns integrantes do movimento católico:

A visita pessoal de Frei Boaventura, na manhã de 11 de maio findo, na repartição, foi realmente uma surpresa. Procurou-me, de improviso, em companhia do Padre Sinfrônio Torres, responsável pela paróquia de Pedro Leopoldo, e conversou comigo duas horas, de 9:15 às 11:15. Falou-me que ele me procurava com o fim de hipnotizar-me, entretanto, se é verdade que ele me fitou com muita insistência, não chegou a tocar nesse assunto. Submeteu-me a interrogatório, que procurei responder respeitosamente. Desde que ele percebeu que eu o tratava com veneração e carinho, passou a tratar-me também nessas bases. Escutou-me sobre nossos pontos de vista espíritas, embora não admita a realidade mediúnica. Conversamos muito sobre mediunidade, reencarnação, comunicação, vida no outro mundo etc. Ele não aceita verdade espírita alguma,

**148.** Suely Caldas Schubert. *Testemunhos de Chico Xavier*. Rio de Janeiro: FEB, 1986. [p. 64]

contudo, me tratou com bondade e respeito. Foi, porém, muito descortês em me solicitando à confissão católica romana, ventilando assuntos que só mesmo pessoalmente, um dia, poderei contar-te. Nada de grave, porém. Tudo correu bem, mas creio, com o nosso Ismael Gomes Braga, que os sacerdotes teriam mais prazer em me ouvir num tribunal da Inquisição, no banco dos réus, para depois me condenarem à fogueira. Infelizmente, sentimo-los ainda muito distantes da grande realidade. Sentem que o padre é infalível e santo, e nesses moldes é difícil um entendimento. Deus nos proteja e ajude sempre.[149]

Na pesquisa efetuada nos arquivos do memorialista Geraldo Leão tivemos acesso às atas de reuniões de 1924 a 1953 de uma irmandade do movimento católico conhecida como "Apostolado da Oração",[150] nas quais observamos registros importantes e significativos das percepções de seus integrantes sobre o movimento que atraía multidões para a então pequena e conservadora Pedro Leopoldo.

Até 1927, Chico seguia integralmente as recomendações católicas e nutria (como sempre nutriu) um grande respeito pelo seu confessor. Além de sacerdote, Sebastião Scarzello

---

**149.** *Ibidem.* [p. 349–350]

**150.** A irmandade "Apostolado da Oração" foi fundada no Brasil em 3 de dezembro de 1844. O confessor de Chico Xavier, o sacerdote Sebastião Scarzello, foi seu dirigente até 11 de setembro de 1927. As reuniões aconteciam na então Capela de Nossa Senhora da Conceição, em frente à Rua de São Sebastião.

era engenheiro, músico, presidente e técnico do Faroeste Futebol Clube, antiga agremiação esportiva de Matozinhos, Minas Gerais.

O conhecido "padre de Chico Xavier" não desencarnou em Pedro Leopoldo, conforme retratou o filme "Chico Xavier" da *Globo Filmes*, sob a direção de Daniel Filho. O padre, e depois monsenhor, Sebastião Scarzello nasceu na Itália. Exerceu o sacerdócio na cidade de Matozinhos e em Pedro

Sebastião Scarzello, engenheiro, músico, presidente e técnico do Faroeste Futebol Clube, em 1924. Na foto com Abdon Martins Drumond, Manuel Buzingo, Raimundo (Mundinho), Angelo Dias de Carvalho, Raimundo C. Calete, Ataíde Pinheiro, Ezaú Martins, Alcindo Gonçalves Cota, Waldemar Pezzini, João Chulampa e Osmar Alves. [Acervo: Arquivo Geraldo Leão]

Leopoldo. Em 1930, foi para o interior de Barra Velha, Estado de Santa Catarina, atualmente a localidade de Santa Cruz. Em seguida, mudou-se para Joinville, na qual, já idoso, veio a falecer e está sepultado.

Além da admiração pelo seu confessor, Chico Xavier fala com respeito e gratidão sobre os primeiros anos que havia frequentado a igreja católica, inclusive colaborando nas aulas do catecismo para as crianças, e aborda fatos mediúnicos ocorridos no interior das igrejas nas cidades de Matozinhos e Pedro Leopoldo:

Em nossa infância, e na primeira juventude, frequentava a igreja católica com o mesmo respeito com que nos dirigimos hoje a uma reunião espírita cristã, e sempre sentimos, reconhecemos, dentro da igreja católica, prodígios de espiritualidade inimagináveis. Muitas vezes, principalmente nas missas da manhã, quando era possível a comunhão de vibrações espirituais de todos os crentes numa só faixa de espiritualidade e de fé em Jesus, tivemos oportunidade de ver Espíritos santificados que abençoavam as hóstias, e elas se transformavam como se fossem flores de luz, que o sacerdote oferecia na mesa da comunhão. Muitas vezes, principalmente no altar daquela que nós veneramos como sendo nossa Mãe Santíssima, vimos irradiações de luz que alcançavam toda a assembleia; do altar consagrado a Santa Teresinha de Lisieux, muitas vezes vi repartirem rosas trazidas por criaturas desencarnadas, amigos e amigas católicos da cidade de Pedro Leopoldo, sem que eu pudesse explicar o fenômeno.[151]

Se Chico Xavier nutria respeito pelo seu confessor, da mesma forma podemos observar o carinho que o sacerdote Sebastião Scarzello tinha por Chico Xavier:

Conheci muito bem Chico Xavier, quando vigário de Matozinhos, Minas Gerais. Era, então, em Pedro Leopoldo, município vizinho, balconista de um Senhor Felizardo, comerciante abastado, e homem bastante estimado. A família de Chico era de bons costumes. Seu pai vendia bilhetes de loteria. Tinha predileção pelas boas palestras. Conheci também outros irmãos menores de Chico e sua segunda mãe. Constantemente, procurava conversar, na venda do Senhor José Felizardo, com o seu pequeno empregado, por estimar vê-lo sempre preocupado no balcão do meu amigo, atendendo gentilmente a freguesia... Certa vez fui procurado pelo pai do menino, dizendo-me que Chico tinha algo na cabeça, certas visões que pareciam ser coisa do demônio. Pedi-lhe calma, informando-lhe que seu filho tinha grande devoção por Nossa Senhora, e, por isso, era defendido das influências demoníacas. Procurando ouvir de Chico o que o perturbava, informou-me que nas comunhões que assistia nas missas notava certo resplendor nas hóstias

151. Carlos Antônio Baccelli. *100 anos de Chico Xavier: fenômeno humano e mediúnico*. Uberaba: Leepp, 2010. [p. 48]

dadas aos comungantes. Procurei, então, acalmá-lo, dizendo que, pela sua devoção à Nossa Senhora, deveria continuar rezando para a cura das visões... Na minha opinião, acho que o Chico não mente subjetivamente, porque o julgo de boa formação moral e no seu postulado mantém-se com muita dignidade, pelo que peço a Deus que jamais penetre ele no campo comercialista. A referência feita ao meu nome na sua biografia é certa e, por isso, tenho grande satisfação, lembrando-me do tempo que convivi com a gente boa e piedosa daquele município, onde conto, felizmente, com muitos e dedicados amigos. Como vigário de Matozinhos, tive ali, como em Pedro Leopoldo, distante daquela cidade poucos quilômetros, uma saudosa permanência, acompanhando e, às vezes, dirigindo, importantes campanhas de assistência social. Chico foi e é meu amigo. E nesta oportunidade envio uma saudação afetuosa àquela população, com o testemunho do meu apreço e estima. [Carta de Sebastião Scarzello a Waldemar Luz.][152]

Diria que o padre Sebastião Scarzello, mesmo não entendendo o que estava acontecendo com o jovem Xavier, em razão da sua crença religiosa, ajudou a dissipar de sua mente em formação o drama da loucura, principalmente quando conseguiu para ele uma ocupação profissional na antiga e conhecida Fábrica de Tecidos.

---

**152.** Rubens Sílvio Germinhasi (org.). *Luz bendita*. São Paulo: Ideal, 1992. [p. 226–228]

No livro *No mundo de Chico Xavier*, Elias Barbosa perguntou ao Chico se depois de conhecer o espiritismo ele e o seu confessor tiveram algum momento de despedida. E o Chico respondeu:

Sim, houve essa despedida. Logo após os primeiros contatos com o espiritismo, voltei à igreja de Pedro Leopoldo, ainda uma vez, para dar-lhe notícias de minha nova situação. Só podia vê--lo, nesse dia, no confessionário. Para lá me dirigi. Ajoelhei-me, como sempre fazia, e contei-lhe tudo o que se passara: a cura de minha irmã, minha emoção ao conhecer as ideias espíritas, os livros de Allan Kardec que eu estava lendo, as melhoras do meu estado íntimo... Ele não me condenou, disse apenas que não lera até àquela ocasião qualquer obra do espiritismo e por isso nada podia dizer... Disse-me que a Igreja não aprovava o espiritismo e que eu ainda era muito jovem para assumir compromissos e tomar decisões. Eu respondi a ele que apesar de respeitá-lo muito ia estudar o espiritismo e dedicar-me à mediunidade. Ele permaneceu calado. Então, disse a ele que eu não queria separar-me dele, que fora sempre tão bondoso para comigo, deixando-o contrariado. Pedi a ele que me desse a mão, e ele me estendeu a mão direita. Depois de beijá-la, pedi a ele que me abençoasse. Ele, então, me disse: "Seja feliz, meu filho. Eu rogarei à nossa Mãe Santíssima para que te abençoe e te proteja..." Levantei-me e saí, mas sabendo que havia tomado

Capela Nossa Senhora da Conceição, em 1927, onde Chico constantemente se confessava com Sebastião Scarzello. [Acervo: Arquivo Geraldo Leão]

Nova e atual construção da Igreja Nossa Senhora da Conceição, edificação concluída na década de 1940.
[Acervo: Arquivo Geraldo Leão]

a decisão de praticar a mediunidade. Quando cheguei à porta de saída, voltei-me para vê-lo ainda uma vez e notei que ele, mesmo de longe, me acompanhava com o olhar e me sorria.[153]

Nos registros das atas da Irmandade "Apostolado da Oração", entre os anos de 1924 e 1934, não encontramos qualquer referência ao espiritismo e aos espíritas da cidade de Pedro Leopoldo. Entretanto, a partir dos registros da ata de 26 de maio de 1935 encontramos a primeira citação contra o espiritismo, curiosamente no mesmo período que o repórter de *O Globo*, Clementino de Alencar, publicava os primeiros artigos sobre a mediunidade de Chico Xavier:

> Logo em seguida, o Revmo. Diretor do Apostolado, com a sua palavra sempre aureolada de sublimes conselhos, falou-nos sobre o espiritismo, expondo os grandes perigos a que estão sujeitas as pessoas que têm a imprudência de professar tal seita, que duvida da divindade de Nosso Senhor, não acredita na Santíssima Trindade e comete os maiores abusos contra as santas leis de Deus. Aconselhou-nos a não nos deixar levar por essas ideias falsas, ideias absolutamente condenadas pela Igreja, e que só devemos ver no espiritismo a intervenção diabólica.[154]

153. Elias Barbosa. *No mundo de Chico Xavier*. 9. ed. Araras: IDE, 1997. [p. 28–29]
154. Ata de 26 de maio de 1935.

O historiador pedroleopoldense Marcos Lobato Martins fala do sincretismo religioso em nosso país e afirma que as pressões exercidas sobre Chico Xavier, na pequena Pedro Leopoldo, foram relativamente tranquilas:

> Quanto às relações entre os espíritas e a Igreja Católica em Pedro Leopoldo, a maioria dos depoimentos sugere convívio harmonioso, sem referências a perseguições ou pregações contra Chico Xavier e seus companheiros. Por outro lado, reforçam a ideia de que os moradores da cidade tinham atitudes e comportamentos sincréticos, combinando de modos variados o catolicismo romano e o espiritismo kardecista.[155]

Particularmente, considero que os primeiros contatos entre o movimento espírita e o movimento católico não foram nada muito harmoniosos, como podemos depreender da ata da Irmandade "Apostolado da Oração" de abril de 1936:

> Em seguida, o diretor, tomando a palavra, abordou o assunto sobre o espiritismo, dizendo ser grande a incoerência das pessoas que se dizem católicas em frequentar sessões espíritas, como soube estar acontecendo aqui, consultar com espíritas, tomar remédios aconselhados por eles; porque ser católico e

---

155. Marcos Lobato Martins. *Pedro Leopoldo: memória histórica.* 2. ed. Pedro Leopoldo: Câmara Municipal de Pedro Leopoldo, 2006. [p. 149]

ao mesmo tempo espírita é o maior dos absurdos, a maior das ofensas que se pode fazer à Divina Providência. "Quem não está comigo é contra mim", disse Nosso Senhor. Quem, portanto, está com o espiritismo ou outra seita, qualquer fora da Igreja, está contra ele e contra a sua doutrina. Aconselhou ao Apostolado a agir com todo o cuidado e zelo, impedindo com boas palavras e bons exemplos que outras pessoas deem crédito ao que dizem e fazem os espíritas, porque o Apostolado deve trabalhar pelas almas, deve fazer tudo para que a doutrina de Nosso Senhor reine sempre, superando, pelo poder da fé e da verdade, todas as outras.[156]

E da ata de dezembro do mesmo ano, segundo essa mesma linha de argumentação, destacamos:

Em seguida, o diretor falou sobre certos abusos de pessoas que vivem consultando o espiritismo, tomando remédio espírita, confessando, comungando e dizendo-se católicas. Disse ser semelhante causa o maior absurdo, porque Nosso Senhor disse: "Quem não está comigo é contra mim". Portanto, aquele que acredita no espiritismo, que vive consultando com espíritas é porque não crê no catolicismo, despreza as leis de Nosso Senhor e não está com ele. Não podemos servir a Deus e ao Diabo, ou um ou outro.[157]

---

156. Ata de abril de 1936.
157. Ata de 10 de dezembro de 1936.

Entretanto, mesmo considerando tais "ameaças", alguns membros da Irmandade começaram a frequentar o Centro Espírita Luiz Gonzaga, ou mesmo procuraram Chico em lugares mais reservados, buscando consolação e esclarecimentos. Na verdade, em nosso país, de acordo com os historiadores, esse sincretismo religioso é uma realidade que permanece até os dias de hoje:

> O Apostolado precisa se precaver, pois há associados que recebem Nosso Senhor domingo e segunda-feira vão à sessão espírita buscar receita, sendo tal procedimento uma grande afronta a Deus e à Igreja. Pode doer a quem doer, mas ele saberá rebater tamanhos abusos, nunca deixou de dizer a verdade, embora desagrade a muita gente. Há católicos aqui que já disseram que vão deixar de frequentar a Igreja por causa de suas franquezas e que ele nada perderá com essa. São esses os católicos de meia tigela, católicos que não merecem esse nome porque não têm a verdadeira noção do que é ser católico.[158]

Na ata de 4 de setembro de 1949, surgiu a primeira referência ao Centro Espírita Luiz Gonzaga, devido ao início da construção de sua nova e atual sede na Rua de São Sebastião, em frente à Matriz, por volta de 1948:[159]

---

158. Ata de 4 de maio de 1952.
159. Chico Xavier contou-nos que, algumas vezes, no período da construção do Centro Espírita Luiz Gonzaga as paredes levantadas apareciam derrubadas no dia seguinte.

Os inimigos propagam sua religião, não se descuidam. Aqui mesmo, na nossa paróquia, nós vemos o trabalho deles, construindo um enorme prédio para o centro espírita.

O fim é exclusivamente para implantar o espiritismo nas consciências católicas, burlando a boa-fé de muitas, aproveitando-se da falta de instrução religiosa de outros etc.

Devemos nos acautelar, não devemos e não podemos deixar que o espiritismo impere no nosso meio, devemos ser católicos convictos, estudar bem a doutrina cristã para podermos ter base sólida e capaz de enfrentar os inimigos da Igreja, não consentindo que eles nos suplantem.[160]

E na ata do dia 26 de julho de 1950, além do espiritismo, incluem também como assuntos proibidos o comunismo e o protestantismo:

Em seguida, discorreu largamente sobre o valor das irmandades, dizendo que o espiritismo, o protestantismo e o comunismo são invenções diabólicas para prejudicá-las, prejudicando assim a nossa religião, mas que o Espírito Santo está vigilante, não permitindo que o reino do mal vença o reino do bem.[161]

---

160. Ata de 4 de setembro de 1949.
161. Ata de 26 de julho de 1950.

Chico Xavier nos anos 1950.
[Acervo: Darwin de Rezende Alvim Neto]

Vale aqui destacar que lendo as atas da Irmandade "Apostolado da Oração", mesmo desqualificando o espiritismo, em nenhum momento encontrei qualquer referência desrespeitosa a Chico Xavier.

Outro destaque importante que faço diz respeito às ameaças a quem, porventura, abandonasse o movimento católico. No entanto, observa-se que mesmo com todas elas, a partir da década de 1930, alguns colaboradores e associados da Irmandade frequentavam aos domingos a Igreja de Nossa Senhora da Conceição e nos dias de semana o Centro Espírita Luiz Gonzaga, o Grupo Meimei e o Grupo Espírita Scheilla, além de buscarem orientações mediúnicas na própria residência de Chico Xavier.

Entendo que a perseguição talvez não tenha sido maior pelo fato de Chico Xavier ser uma pessoa de temperamento amável, simples e muito educada, não revidando as agressões recebidas. É o que podemos observar no livro *Lindos casos de Chico Xavier*, de Ramiro Gama, o primeiro biógrafo de Chico Xavier, que descreve um fato acontecido na década de 1930:

> Em 1931, "mandar alguém para o inferno" constituía grave ofensa. E um dos missionários católicos que visitaram Pedro Leopoldo naquela época, no zelo com que defendia a Igreja Romana, falou do púlpito que o Chico, o médium espírita que se desenvolvia na cidade, devia ir para o inferno.

Chico, que frequentara a Igreja desde a infância, ficou muito chocado. À noite, na reunião costumeira, aparece a progenitora desencarnada e reparando-lhe a inquietude pergunta-lhe, bondosa, o motivo da aflição que trazia:

— Ah! Estou muito triste. – disse o rapaz.

— Por quê?

— Ora, o padre me xingou muito...

— Que tem isso? Cada pessoa fala daquilo que tem ou daquilo que sabe.

— Mas a senhora imagine – clamou o Chico – que ele me mandou para o inferno...

O Espírito de Dona Maria sorriu e falou:

— Ele mandou você para o inferno, mas você não vai. Fique na Terra mesmo...

O médium, ante o bom humor daquelas palavras, compreendeu que não convinha dar ouvidos às condenações descabidas. E o serviço da noite desdobrou-se em paz.[162]

Chico Xavier também conquistou a confiança e a simpatia de muitas pessoas na comunidade, incluindo as que ocupavam cargos importantes, como o gerente da então Companhia Industrial Belo Horizonte, José Flaviano Machado (Zeca Machado), que fundou e presidiu, sob a orientação de Chico Xavier, o Grupo Espírita Scheilla, o diretor da Fazenda Modelo, o engenheiro agrônomo Rômulo Joviano,

**162.** Ramiro Gama. *Lindos casos de Chico Xavier.* 19. ed. São Paulo: LAKE, 2000. [p. 58]

que presidiu o Centro Espírita Luiz Gonzaga, e alguns agentes da estação da Central do Brasil, que atuaram naquele período.

Não podemos deixar de destacar que Chico Xavier também desenvolvia um grande trabalho de assistência social às famílias mais carentes, o que lhe conferia uma aura de respeito e gratidão. Pelas pesquisas efetuadas e pelos depoimentos, observamos que muitos pedroleopoldenses não acreditavam no espiritismo, mas acreditavam em Chico Xavier, o que reforça ainda mais a tese de que ele superou as limitações do próprio movimento espírita.

Para ilustrar as muitas dificuldades enfrentadas com o movimento católico em nossa cidade, recorremos a outro período histórico, no qual observamos o constrangimento de Chico Xavier em aceitar um convite da turma do 3.º ano Técnico-Comercial da Escola Técnica de Comércio Pedro Leopoldo (atual Escola Estadual Imaculada Conceição) para ser seu paraninfo.

Chico responde a Dartagnham Felicíssimo Barbosa:

> Não é esta a primeira vez que sou convidado, de modo particular, para iniciativas públicas de consagração cultural. Nas duas primeiras vezes, de fato, não relutei aceitar a honraria, conquanto reconhecesse o meu total desvalimento, entretanto, conhecido o assunto, maiorias religiosas entraram em ação, convertendo simples relações afetivas em problemas sociais,

o que me obrigou a solicitar fosse retirado o meu nome das homenagens, antes que as complicações que eu não provoquei tomassem vulto inconveniente.[163]

Outro depoimento importante é o de Pedro de Souza, aposentado da Central do Brasil, que também falou das dificuldades em expressar, naquela época, a sua fé religiosa:

Aqui em Pedro Leopoldo, principalmente, os católicos não conversavam com os espíritas. Os católicos não aceitam o espiritismo. Pois é. Eu fui excomungado pelo padre daqui. O padre fez pressão: "Volta o Pedro para o catolicismo, ele não pode ser espírita!" Chega sexta-feira, chegando do centro de Chico está lá um bilhete da Ana Maria: "Estou na casa da mamãe." E fui lá naquela casa. Bati na porta porque não tinha campainha. Ela veio e me recebeu: "Ah, nós estamos tomando um chocolate." Aqui em Pedro Leopoldo fazia muito frio. Entrei, estava a família sentada. As filhas casadas, que moravam fora, estavam todas com os maridos. Botou a xícara com o chocolate pra mim. Quando eu vou pegar na xícara, o meu sogro falou: "Pedro, nós estamos aqui reunidos, conselho em família, para decidir um caso com você. O que você anda fazendo?" Eu falei: "O que eu faço de errado?" "Eu acho que você está errado porque está procedendo em contrário à nossa religião. Você está seguindo o espiritismo e nós somos católicos. E como tal nós estamos reunidos para que você abandone o espiritismo

---

163. Carta de 30 de outubro de 1963.

e volte para o catolicismo. Se não for assim, nós vamos separar Anete de você." Eu pesava 57 quilos, magrinho, olha o que eu fiz: dei um murro na mesa e derramei tudo que estava lá. Levantei a voz, coisa que eles nunca tinham visto, tanto que assustaram e não falaram mais nada.[164]

Considerando o contexto da época, e sem nenhuma intenção de desqualificar a belíssima obra construída pelo movimento católico em nossa cidade, através de vários colaboradores anônimos ou não, gostaria ainda de destacar que no dia 15 de novembro de 1980, na inauguração da Praça Chico Xavier, o padre Sinfrônio Torres de Freitas, na época o maior representante do catolicismo em nosso município, num gesto de união e respeito pelas diferenças, esteve presente reconhecendo, publicamente, a sua admiração pela obra gigantesca em favor do próximo construída com o esforço sincero do pedroleopoldense Chico Xavier.

Para finalizar este capítulo, segue um trecho de uma carta a nós endereçada por Chico Xavier em 20 de julho de 1982, na qual, em suas meditações, ele faz uma interessante analogia entre a união e o respeito pelas diferenças enquanto caminhava próximo ao ribeirão, na altura do bairro São Geraldo, na cidade de Pedro Leopoldo:

---

**164.** Rogério Arruda (org.). *Nos trilhos do tempo: memória da ferrovia em Pedro Leopoldo*. Belo Horizonte: Mazza, 2003. [p. 130–131]

Muitas vezes penso no que seria da usina de força concentrada sem a força das águas barradas pela represa. Frequentemente, meditando em nossa querida cidade de Pedro Leopoldo, ao longo e acima do açude, a cuja frente se ergueu a bela Vila de São Geraldo, ia a pé e a sós fitando o nosso ribeirão até quase a altura de Vargem Alegre... Em seguida, ao regressar, via as águas livres, como que brincando de refletir o céu azul e o verde das margens, mas quando se aproximavam do muro enorme que lhes barra os movimentos, notava que todas elas se uniam em vigoroso redemoinho, a se elevarem de nível e depois de enviarem fortes correntes de força para a movimentação da usina se alteravam ainda mais para se arrojarem no próprio leito e continuarem a ser como Deus as criou. Unem-se para vencer os obstáculos, realizam esse prodígio mostrando aos homens que podem assegurar-lhes a energia do progresso e, depois de semelhante colaboração, voltam à normalidade, continuando a servir na obra divina em outros aspectos.[165]

---

165. Carta de 20 de julho de 1982.

Chico Xavier nos anos 1940.
[Acervo: Casa de Chico Xavier]

COM A FORÇA DO
SEU EXEMPLO, CHICO
POPULARIZOU O
MOVIMENTO ESPÍRITA
NO PAÍS, ATRAINDO
MULTIDÕES E INSPIRANDO
UMA SÉRIE DE
INSTITUIÇÕES SOCIAIS
NO BRASIL E NO EXTERIOR.
NA HISTÓRIA DO
ESPIRITISMO BRASILEIRO,
E SEM DESCONSIDERAR
AS CONTRIBUIÇÕES DE
OUTROS ESPIRITISTAS,
É POSSÍVEL FALAR
E CARACTERIZAR O
MOVIMENTO ESPÍRITA
EM ANTES E DEPOIS
DE CHICO XAVIER.

# A SAÍDA DE
# PEDRO LEOPOLDO

**10**

Sair de Pedro Leopoldo para mim foi muito difícil... Espiritualmente, sempre estive vinculado ao "Luiz Gonzaga". A vida de médium é complicada... Encontrei em Uberaba muitos amigos generosos – amo essa cidade, mas, falando sinceramente, em Pedro Leopoldo vivi os meus melhores dias... A coisa foi ficando difícil; o cerco dos inimigos da doutrina foi-se apertando. Mas está tudo certo. Jesus não podia se demorar por muito tempo numa cidade – logo as trevas davam um jeito de colocar as autoridades contra ele... Ele pregou o Evangelho em fuga! Jesus passou os três anos de sua peregrinação sob o constante assédio das trevas... Houve uma época em que cheguei a pensar em sair de Uberaba; amigos me convidavam para morar em São Paulo, outros queriam que eu fosse para o Rio... Emmanuel me disse: "Chico, para onde você for a dificuldade irá atrás..." Então, "aguentei a barra" e não me arrependo de estar em Uberaba até hoje. Essa cidade é maravilhosa! Com o passar do tempo, descobri que Pedro Leopoldo e Uberaba são duas cidades irmãs – Pedro Leopoldo é minha mãe; Uberaba é como se fosse minha tia, mas uma tia muito querida!...

**CHICO XAVIER**

Carlos Antônio Baccelli. *O evangelho de Chico Xavier*. Votuporanga: Didier, 2000. [p. 76–77]

**N**O INÍCIO DA DÉCADA DE 1980, QUANDO O CHICO VInha frequentemente visitar os seus familiares em Pedro Leopoldo, em um encontro que tivemos em sua residência, nos fundos da casa de sua irmã Maria Luiza Xavier, ele disse claramente que, em princípio, não deveríamos sair da cidade onde nascemos. E completou dizendo que no seu caso não foi possível permanecer em sua cidade natal por razões que, na época, não chegou a explicitar.

Confesso que a partir dessa recomendação procurei organizar minha vida pessoal e profissional em Pedro Leopoldo, ou próximo à minha cidade, como por exemplo, Belo Horizonte. Do ponto de vista profissional, cheguei até a recusar alguns convites fora do Estado, pois entendia que um aconselhamento partindo de Chico Xavier tinha o peso de uma determinação.

Digo isso para que possamos entender a complexidade de uma decisão tomada por Chico Xavier ao sair de sua terra natal. Até hoje muitos espiritistas vêm procurando uma razão que justifique a saída de Chico Xavier de Pedro Leopoldo para a cidade de Uberaba.[166] Entretanto, creio que não exista uma única razão, mas diferentes razões que, somadas, culminaram na partida de Chico Xavier no dia 4 de janeiro de 1959.

---

166. Pelo censo de 1950, a população do município de Pedro Leopoldo era de 15.729 habitantes, sendo 6.630 na área rural e 9.099 na região urbana.

Oficialmente, o próprio Chico falava de uma labirintite crônica decorrente do clima frio na cidade:

Em princípios de 1958, comecei a sofrer de uma labirintite, que me incomodava bastante. Muito barulho nos ouvidos, muitas dores de cabeça. Bezerra de Menezes, o nosso benfeitor espiritual, tratou-me com a dedicação que lhe conhecemos e pediu, ainda, em meu caso, a consideração de um especialista, tendo eu recorrido ao Dr. Costa Chiabi, distinto otorrinolaringologista em Belo Horizonte. Dr. Costa Chiabi dispensou-me grande atenção. Mediquei-me. Fui a Angra dos Reis, no Estado do Rio, por duas vezes, buscando mudança de clima e refazimento na praia. Melhorei, mas não positivamente como precisava. Em face das recidivas, nossos amigos espirituais aconselharam minha transferência para clima temperado, já que Pedro Leopoldo é bastante fria na maior parte do ano. Chegado o assunto a esse ponto, nosso amigo Waldo Vieira convidou-me a experimentar Uberaba. Vim para cá e, graças a Deus, me refiz.[167]

O próprio Manoel Diniz, um dos diretores do Centro Espírita Luiz Gonzaga, e um dos grandes amigos de Chico em Pedro Leopoldo, falou desse momento muito difícil:

Ele também teve muitos outros problemas de saúde aqui. Acho que foi excesso de trabalho, esgotamento nervoso, tanto assim

---

**167.** Elias Barbosa. *No mundo de Chico Xavier*. 9. ed. Araras: IDE, 1997. [p. 132–133]

que ele se mudou para Uberaba, a conselho médico, transferindo-se, antes mesmo de se aposentar, para aquela cidade do Triângulo em princípios de 1959, aposentando-se em 1961.[168]

Não podemos também deixar de registrar que em 1958 Chico Xavier passou por um grande constrangimento. O seu sobrinho Amaury Pena, filho de Maria da Conceição Xavier Pena, a irmã que conduzira Chico Xavier involuntariamente ao espiritismo, também médium, residente na cidade mineira de Sabará, atacou-o publicamente, divulgando na imprensa acusações gravíssimas, dizendo ser o seu tio um grande mistificador. E declarou, em entrevistas dadas a vários jornais, que o seu tio era um homem inteligente, um grande devorador de livros e, por isso mesmo, um exímio farsante. Chico nada respondeu, permaneceu calado para preservar o sobrinho e toda a sua família.

Para um jornal da cidade de Belo Horizonte, Amaury Pena declarou:

> Estou aqui para proclamar em alto e bom som que tudo que tenho escrito até agora, apesar das diferenças de estilo, foi criado pela minha própria imaginação, sem que para isso houvesse qualquer interferência de almas do outro mundo, ou qualquer outro fenômeno miraculoso. Assim como tio Chico, tenho uma

---

168. *Folha Espírita*. São Paulo, dezembro de 1977. Edição especial comemorativa dos 50 anos de mediunidade de Chico Xavier. [p. 33]

enorme facilidade para fazer versos, imitando qualquer estilo de grandes autores. Como ele, descobri isso muito cedo. Tio Chico é inteligente, lê muito e, com ou sem auxílio do outro mundo, vai continuar escrevendo seus versos e seus livros.[169]

---

**169.** *Diário da Tarde*. Belo Horizonte, 19 de julho de 1958.

**Amaury Pena, filho de Jacy Pena e de Maria da Conceição Xavier Pena (Tiquinha).**
**[Acervo: Agremiação Espírita Casa do Caminho, em Sabará, MG]**

André Xavier, irmão de Chico Xavier, falou desse momento tão delicado para toda a família:

Havia interesses muito fortes que tentavam desmascarar a mediunidade de Chico. Aí entrou a invigilância de um sobrinho nosso, Amaury. Ele dava entrevistas aos jornais, afirmando que o tio não era médium. Foi um período muito difícil. Chico não mais podia produzir debaixo desse clima que se criou em torno dele. Veio, então, a mudança de Pedro Leopoldo. Depois disso, Amaury começou a beber, desenfreadamente, acamou-se e não mais se levantou.[170] Foi muito triste esse episódio para toda a família.[171]

O biógrafo Ranieri, no livro *Recordações de Chico Xavier*, disse que, na época, muitos espíritas acreditavam que Amaury Pena pudesse ser um dia o substituto de Chico Xavier no campo da mediunidade. Entretanto, Amaury foi para os jornais e fez graves acusações a Chico Xavier,

---

170. Segundo depoimento de Sidália Xavier Silva, filha de Maria da Conceição Xavier Pena, a dependência com a bebida começou antes que ele completasse 18 anos. Faleceu em 26 ou 28 de junho de 1961, deixando a vida física antes de completar os 30 anos de idade. Ver o livro *Chico Xavier: do calvário à redenção*. [p. 128 e 133]

171. *Folha Espírita*. São Paulo, dezembro de 1977. Edição especial comemorativa dos 50 anos de mediunidade de Chico Xavier. [p. 37]

dizendo que tudo o que ele e o Chico escreviam partiam deles mesmos, embora assinado por nomes respeitáveis da literatura brasileira e portuguesa.

Amaury Pena era sobrinho de Chico Xavier, filho de Maria Xavier Pena, irmã do Chico. Conhecemo-lo em Sabará. Amaury tinha 11 anos de idade e era uma criança magra, enfezada, sem expressão. Dona Maria, muito pobre, mas um coração excepcional, trabalhava com Rubens Romanelli, que era professor. Rubens disse-nos, apontando o garoto:

— É um gênio. Escreve poesias maravilhosas dignas de Castro Alves e de outros grandes poetas brasileiros.

Visão panorâmica de Pedro Leopoldo em 1939.
[Acervo: Arquivo Geraldo Leão]

265

Olhei o garoto e não dei nada por ele. Vi algumas poesias que escrevera e achei realmente extraordinárias. Escrevia num caderno. "Eu não deixei que publicasse, até agora", disse o Rubens, "porque quero me certificar melhor se são dele mesmo ou se são de Espíritos". Fiquei pasmado. Ali havia um médium extraordinário, que era um menino, e não se publicavam as coisas notáveis que escrevia!

Mais tarde, passados alguns anos, soube que Romanelli tomara-o sob sua responsabilidade.

O menino, agora rapaz, estava escrevendo um livro fantástico que se chamava "Os Cruzílidas", escrito pelo Espírito de Camões.

Estivemos com o Rubens e ele nos mostrou páginas escritas naquela linguagem típica do poeta português, não só o estilo, mas também o vocabulário eram puramente camoneano.[172]

No livro *Mandato de amor*, organizado por Geraldo Lemos Neto, e publicado pela União Espírita Mineira em 1992, há outro depoimento de Chico Xavier sobre esse momento bastante delicado:

Em 1958, passei por escandalosa perseguição de tal modo intensa que me obrigou a sair do campo reconfortante da vida familiar em Pedro Leopoldo, onde nasci, transferindo-me

---

**172.** R.A. Ranieri. *Recordações de Chico Xavier.* São Paulo: LAKE, 1976. [p. 124]

para Uberaba, em 1959, para que houvesse tranquilidade para meus familiares, que não tinham culpa de eu haver nascido médium.[173]

Ainda sobre o caso Amaury Pena, em uma carta extraída do livro *100 anos de Chico Xavier: fenômeno humano e mediúnico*, Chico Xavier fala mais claramente desse momento difícil e delicado da sua vida, quando, em razão das circunstâncias, foi obrigado a deixar a sua terra natal:

Em 1958, como é do conhecimento público, meu pobre sobrinho Amaury Pena, talvez deslumbrado pela ideia de lucros financeiros com livros mediúnicos, sentindo-se assediado por entidades infelizes e adversárias do movimento espírita-cristão, não hesitou, quando contrariado em seus desígnios, cobrir-me o rosto com a lama de profundo sarcasmo. Durante quase um mês, os jornais do país me apontaram na categoria de mistificador criminoso. Entretanto, os Espíritos perturbadores, no caso de meu sobrinho, vinham pela frente, o que me permitiu responder-lhes com a única maneira digna que vi diante de meus olhos. Para não deixar em minha folha mediúnica e espírita a notícia inverídica que entrara, um dia, em rixa com os entes amados de minha família, toda ela constituída de almas afetuosas e boas, mudei-me para Uberaba, a centenas

---

**173.** Geraldo Lemos Neto (org.). *Mandato de amor.* Belo Horizonte: UEM, 1992. [p. 119]

de quilômetros da casa que Deus me concedera para cultivar o jardim do amor familiar e onde eu deixava conveniência e hábitos regulares de quase cinquenta anos.[174]

Weimar Muniz de Oliveira, no livro *Chico Xavier: casos inéditos*, considera que as duas razões levantadas anteriormente representam as principais justificativas dessa saída:

> Sabe-se, hoje, que houve pelos menos dois motivos que o levaram a decidir-se por Uberaba: primeiro, em razão de sua saúde, por Uberaba oferecer clima mais ameno do que Pedro Leopoldo, sua cidade natal; segundo, por problemas relacionados com a psicografia, eis que Chico entendia que as constantes perseguições de que era vítima muito prejudicavam seus familiares em Pedro Leopoldo. Com sua saída de lá, eles seriam poupados.[175]

Essa opinião também é compartilhada pela paulistana Marlene Severino Nobre:

> Chico Xavier, com a saúde abalada e o impacto da imprensa veiculando ideias de seu sobrinho, Amaury Pena, em desrespeito à mediunidade e à obra dos Espíritos, a fim de evitar

---

174. Carlos Antônio Baccelli. *100 anos de Chico Xavier: fenômeno humano e mediúnico*. Uberaba: Leepp, 2010. [p. 276]
175. Weimar Muniz de Oliveira. *Chico Xavier: casos inéditos*. Goiânia: Feego, 1998. [p. 207]

maiores problemas para sua família já tão amargurada por todos esses acontecimentos, decide-se pela transferência para Uberaba, com a aquiescência dos mentores espirituais.[176]

Entretanto, o próprio Weimar considera também que Chico Xavier teria ficado em Pedro Leopoldo o tempo necessário, exatamente até cumprir integralmente uma promessa feita à sua "segunda mãe", Cidália Batista Xavier:

> Chico acalentava o desejo de continuar o seu mandato mediúnico noutra cidade, fora do ambiente da cidade que o vira nascer. Mas em razão do compromisso assumido com D. Cidália só conseguiu realizar o seu sonho depois que a última de suas irmãs se casou. E, quando pôde, decidiu-se por Uberaba, o que já estava planejado, certamente, na Espiritualidade, pela plêiade de Espíritos responsável pela complementação do Consolador prometido, dedução que faço.[177]

Além desses argumentos, outros companheiros de ideal continuam afirmando que essa mudança era uma antiga aspiração e que Chico Xavier já estava programando a

---

176. *Folha Espírita*. São Paulo, dezembro de 1977. Edição especial comemorativa dos 50 anos de mediunidade de Chico Xavier. [p. 39]
177. Weimar Muniz de Oliveira. *Chico Xavier: casos inéditos*. Goiânia: Feego, 1998. [p. 185]

sua transferência para Uberaba com a concordância do seu benfeitor Emmanuel, pois aquele era um momento oportuno para ampliar suas tarefas ligadas ao espiritismo.[178]

Afora o projeto já acalentado há alguns anos, o convite feito pelo estudante de Medicina, e também médium, Waldo Vieira, despertou em Chico o desejo de encontrar um companheiro para compartilhar a tarefa. É o que podemos observar em uma correspondência datada de 5 de março de 1959 para a amiga e companheira Hermelita Soares Horta, da cidade de Matozinhos:

> Em verdade, minha sempre lembrada irmã, a vinda para Uberaba era um sonho bom que eu esperava realizar, se fosse essa a vontade de Deus, lá para as bandas de 1965, quando o nosso Waldo já estivesse na posição de um médico especializado na psiquiatria. Entretanto, o caso Amaury me obrigou a tomar nova resolução, no silêncio. Não era possível deixar a nossa fé à mercê de um parente assim, tão infeliz. Se eu permanecesse em Pedro Leopoldo, qualquer nova declaração desse pobre rapaz teria mais força de impressionar, perturbar e mentir,

---

178. Em uma carta de Chico Xavier para os sobrinhos residentes na cidade de Sabará, datada de 27 de janeiro de 1980 e publicada no livro *Chico Xavier: do calvário à redenção* [p. 77], ele disse que veio para Uberaba no intuito de permanecer apenas entre dois e quatro anos. No livro *A terra e o semeador*, p. 17: "Pergunta: E quando você espera vir para Uberaba, definitivamente? Resposta: Bem, isso será medida para depois de minha aposentadoria, nos encargos profissionais."

em nova circulação na imprensa, com mais vastos escândalos para o nosso ambiente espírita. Resolvi, assim, no silêncio de minhas orações, renunciar à felicidade de estar em minha casa e no aconchego do carinho de todos vocês para dar uma resposta sem palavras aos nossos detratores. Desse modo, mais tarde, quando tivermos, aqui, farta documentação de serviço mediúnico a valer como nosso argumento para as perseguições do futuro, tudo reajustaremos de novo, não é? É meu dever demonstrar, mesmo aos meus entes mais queridos, que o espiritismo com Jesus é a força central de minha vida e que servir à doutrina espírita, ainda mesmo com as minhas imperfeições, é a minha primeira obrigação neste mundo.[179] [180]

Sua irmã Cidália Xavier de Carvalho, em depoimento à *Folha Espírita* em 1977, disse claramente:

Foi bom para o Chico ter saído de Pedro Leopoldo, ele pode produzir muito mais. Nós sempre fomos muito apegados com ele. Sabemos que ele é irmão do mundo, precisamos compreender

---

179. Carta de 5 de março de 1959.
180. Em uma outra carta de Chico Xavier para os sobrinhos residentes na cidade de Sabará, datada de 27 de janeiro de 1980 e publicada no livro *Chico Xavier: do calvário à redenção* [p. 77], ele disse que veio para Uberaba no intuito de permanecer apenas de dois a quatro anos. No livro *A terra e o semeador* [p. 17]: "PERGUNTA: E quando você espera vir para Uberaba, definitivamente? RESPOSTA: Bem, isso será medida para depois de minha aposentadoria, nos encargos profissionais."

seus caminhos... Longe ou perto estamos sempre ligados pelo coração, pelo pensamento, porque o nosso amor é o mesmo. Feliz daquele que sabe aproveitar aquilo que Chico tem para dar, como irmão do mundo. Só daqui há milênios vamos ter outra oportunidade como essa!...[181]

Com a saída de Chico Xavier de Pedro Leopoldo, muitos amigos manifestaram tristeza e saudade, como o seu ex-colega de trabalho da Fazenda Modelo e idealizador do hino da cidade, Osvaldo Gonçalo do Carmo:

Chico Xavier – cidadão honorário de um sem-número de cidades, sempre foi motivo de grande orgulho para Pedro Leopoldo, sua terra natal, que era visitada por milhares de pessoas de vários escalões da sociedade brasileira e até internacional, que aqui vinham para conhecer ou rever esse grande médium espírita e bem assim as suas numerosas e grandiosas obras psicografadas. Pena é que ele transferiu a sua residência para Uberaba, deixando muita saudade no coração de cada pedroleopoldense...[182]

181. *Folha Espírita*. São Paulo, dezembro de 1977. Edição especial comemorativa dos 50 anos de mediunidade de Chico Xavier. [p. 33]
182. Osvaldo Gonçalo do Carmo. *Esta Pedro Leopoldo: fatos, coisas e pessoas da minha cidade*. Pedro Leopoldo: [s.n.], 1995. [p. 118–119]

O poeta e historiador pedroleopoldense José Issa Filho, no livro *Coisas do reino de Pedro Leopoldo 2*, fez um comentário que representa o que pensava a maioria dos pedroleopoldenses no final da década de 1950:

Certa vez, um espírita do Rio de Janeiro disse a Antônio Cinquenta e Oito, chofer de táxi de nossa terra, que era bom que o povo de Pedro Leopoldo não gostasse de Chico Xavier. E acrescentou feliz: "Assim ele fica só para nós". Não sei quem botou isso na cabeça dele. O povo de Pedro Leopoldo sempre gostou de Chico, que, com sua paciência e sua bondade, fazia adormecer nos corações o ódio, a amargura, o desespero. Como não gostar de Chico, cujas palavras tinham a leveza de flores de jasmim e acendiam em cada peito uma esperança? Como não gostar de Chico, cujas mãos de recolher e distribuir poesias, de recolher e distribuir estrelas e mensagens de amor tanto bem fizeram à nossa terra? Como não gostar de Chico, esse semeador de amor e ternura, que nos ensinou a encontrar flores fora da estação e a pisar com leveza de passarinhos os pedregosos caminhos do mundo? Acho que o que o espírita do Rio de Janeiro queria dizer é que o povo de Pedro Leopoldo não percebeu a grandeza de Chico. E nisso eu concordo com ele. Mas desde que o mundo é mundo é difícil um grande homem não passar por isso em sua terra. Daí o velho ditado: "Santo de casa não faz milagre". Grande engano, porém, é pensar que o povo de Pedro Leopoldo não gostava de Chico. O povo de Pedro Leopoldo sempre gostou de Chico. E nunca irá esquecer Francisco Cândido Xavier, médium famoso, filho maior de nossa terra. O povo de Pedro Leopoldo nunca irá esquecer

Chico de João Cândido, essa coisa boa que aconteceu na vida da gente. E todos nós sabemos que Pedro Leopoldo tornou-se maior por ser a terra de Chico Xavier. E todos nós nos orgulhamos de ter nascido na mesma cidade em que nasceu Chico Xavier. E nós, da Rua de São Sebastião, nos orgulhamos ainda mais, porque nascemos na mesma cidade e na mesma rua em que ele nasceu. Ah! A Rua de São Sebastião, onde suas risadas soltas e alegres se abriram e floriram! Chico de João Cândido, nosso conterrâneo maior, incansável garimpeiro de estrelas, que deixou para sempre em nossa terra a música de seus ensinamentos, a fragrância de sua bondade, o murmúrio de suas poesias de amor geral.[183]

Em *Reformador*, revista oficial da Federação Espírita Brasileira, encontrei um artigo extraído do jornal *Diário da Tarde*, do então prefeito municipal da cidade de Pedro Leopoldo, Antônio Pereira, publicado no dia 19 de janeiro de 1959. Além de registrar uma queda na arrecadação da cidade, em razão da diminuição das visitas, observamos nesse depoimento o respeito e o carinho dos pedroleopoldenses para com Chico Xavier e a tristeza sentida por todos com a sua partida:

Já se faz sentir de maneira acentuada a ausência de Chico Xavier em Pedro Leopoldo. Há cerca de um mês que ele se

---

183. José Issa Filho. *Coisas do reino de Pedro Leopoldo 2*. Pedro Leopoldo: Tavares, 1996. [p. 310–313]

ausentou e a esta altura a cidade já teve o seu movimento normal diminuído em cerca de 30%, pelo menos no comércio hoteleiro, e nos carros de praça, que estão com as atividades reduzidas. Quando se tornar inteiramente conhecida a notícia de sua mudança, mais declinará o movimento de visitantes em meu município. É uma figura impressionante, essa de meu particular amigo Chico Xavier. Homem de uma humildade a toda prova, de bondade extrema e inteiramente destituído de qualquer resquício de vaidade, Chico vive para fazer o bem. Demasiadamente pobre, dá tudo que consegue para os pobres. A sua preocupação é auxiliar o próximo. Fora da repartição, dedica todo o seu tempo à doutrina. Não tem a menor ambição; não recebe dinheiro de quem quer que seja, e quando a pessoa, muitas vezes beneficiada pela sua força espiritual, insiste em lhe dar "gratificações", ele as encaminha diretamente a um orfanato, a um hospital de indigentes, a um asilo de velhos. Nem os direitos autorais dos livros que psicografou Chico os quis receber, transferindo-os, integralmente, para a Federação Espírita Brasileira. Faz tudo à base de Deus e do Evangelho. Aliás, convém lembrar que, ao conhecê-lo de perto, o grande cientista Pietro Ubaldi, após conferência em Pedro Leopoldo, afirmou impressionado que "Chico Xavier podia se considerar o maior entre os maiores da doutrina". Realmente, Chico Xavier estava cansado, pois estava atendendo ultimamente a uma média de sessenta a setenta pessoas que iam diariamente procurá-lo, e recebia de duzentas e cinquenta a trezentas cartas por dia, pedindo conselhos, receitas etc. Pelo menos duas noites por semana (segundas e sextas-feiras) quase não dormia, pois sempre se deitava depois das três horas da madrugada, e às oito horas da manhã já se encontrava na Fazenda Modelo, onde exercia suas funções de servidor público. Se fosse um cidadão ambicioso, poderia ser um dos homens mais ricos do Brasil e pelas suas relações de amizade com figuras de projeção nacional poderia estar em altos cargos. Tudo ele rejeita e continua como modesto escrevente-datilógrafo, com os bolsos e mãos permanentemente limpos.[184]

Pelos exemplos deixados em 49 anos de permanência em nossa cidade, Chico Xavier conquistou o respeito, a admiração e o carinho de todos. É o que diz claramente o pedroleopoldense José Issa Filho:

Na verdade, mesmo os não-espíritas não podiam deixar de gostar de Chico. Tantas coisas boas aprendemos com ele, com sua maravilhosa sabedoria, com sua doce humildade, com a ternura de sua voz, com a pureza de seu olhar, onde havia o brilho de muitas estrelas. Com ele, aprendemos a encontrar a felicidade nas coisas mais simples, numa flor, na primeira luz da manhã, no voo de um pássaro, na cantiga de um grilo, numa xícara de café e até no letreiro luminoso da porta de um bar.[185]

184. *Reformador*. Rio de Janeiro: FEB, fevereiro de 1959. [p. 21]
185. José Issa Filho. *Coisas do reino de Pedro Leopoldo 2*. Pedro Leopoldo: Tavares, 1996. [p. 313]

E para finalizar este capítulo vamos nos apropriar de um depoimento do próprio Chico Xavier sobre Pedro Leopoldo e Uberaba:

Não posso esquecer que em Pedro Leopoldo Emmanuel e outros Espíritos amigos trabalharam, através de minhas pobres faculdades, durante trinta e um anos sucessivos, procurando vencer os meus defeitos e adaptar-me para ser o instrumento que eles desejavam que eu fosse e não posso olvidar que Uberaba me hospeda, carinhosamente, desde janeiro de 1959, dando-me, por intermédio de companheiros queridos, o ambiente necessário para que eu aproveite as lições recolhidas na terra em que renasci para as tarefas da presente reencarnação. Creio que a produtividade mediúnica nas duas cidades se equivale, porque precisamos descontar as dificuldades de minha preparação, que tem exigido muito esforço e tolerância dos bons Espíritos. Creio não ser ingrato afirmando que Pedro Leopoldo é meu berço e que Uberaba é minha bênção.[186]

186. *Folha Espírita*. São Paulo, dezembro de 1977. Edição especial comemorativa dos 50 anos de mediunidade de Chico Xavier. [p. 39]

Chico Xavier em 1956, próximo
ao Açude do Capão, local
em que viu Emmanuel,
seu benfeitor espiritual,
pela primeira vez.
[Acervo: Casa de Chico Xavier]

PELOS EXEMPLOS
DEIXADOS EM 49 ANOS
DE PERMANÊNCIA EM
PEDRO LEOPOLDO, CHICO
XAVIER CONQUISTOU O
RESPEITO, A ADMIRAÇÃO
E O CARINHO DE TODOS.
DIZ O PRÓPRIO CHICO:
"CREIO NÃO SER INGRATO
AFIRMANDO QUE PEDRO
LEOPOLDO É MEU
BERÇO E QUE UBERABA
É MINHA BÊNÇÃO."

# QUEM É
# CHICO XAVIER?

**11**

As escrituras registraram que Jesus passou a vida fazendo o bem. O mesmo se aplica a Francisco de Paula Cândido Xavier, o mais famoso kardecista brasileiro e um dos autores mais lidos do país. Conheci-o nos anos 50, em Minas Gerais... Chico Xavier é cristão na fé e na prática. Famoso, fugiu da tribuna. Poderoso, nunca enriqueceu. Objeto de peregrinações a Uberaba, jamais posou de guru. Quem dera que nós, católicos, em vez de nos inquietarmos com os mortos que escrevem pela mão de Chico, seguíssemos, com os vivos, seu exemplo de bondade e amor.

**FREI BETTO**

Época. [S.l.]: 1990.

ONFESSO QUE, AO FINAL DESTE LIVRO, DIZER QUEM exatamente foi Chico Xavier é uma tarefa humanamente impossível. Mesmo se reuníssemos as mais de 200 biografias produzidas até o momento, e conversássemos com todos aqueles que conviveram com ele, não conseguiríamos dizer exatamente quem foi Chico Xavier. Entretanto, vou me apropriar de cinco depoimentos para falar de um homem que procurou viver intensamente e eticamente a sua humanidade.

Posso dizer que em 21 anos de convivência relativamente próxima Chico sempre demonstrou e vivenciou o respeito pelas diferenças, fossem elas quais fossem.

Inicialmente, gostaria de destacar uma mensagem psicografada pelo próprio Chico Xavier, na década de 1930, ditada pelo famoso poeta português Eça de Queirós, na qual faz uma curiosa descrição do médium, recheada de um sarcasmo elegante e filosófico, causando espanto e risos pelo inusitado de seu conteúdo.

Segue, para apreciação do leitor, a transcrição completa da mensagem, intitulada "Piparote ao Futurismo":

Meu amigo,

Há mais de um decênio que não me preocupo com as parvoíces da Terra. Nem presumia a possibilidade de enviar novamente para aí a minha futilíssima correspondência, entregando-me à atividade, sem fadigas, do trabalho que me foi designado, como abelha dócil e paciente, quando alguém me insinuou a ideia de vir ditar-te as minhas sandices.

Quê! Escrever para aí! Toda tentativa que eu fizesse redundaria em rematada loucura. Reafirmar todo o meu asco por essa vida materialona em doses fortes de ironia? Provocar a risibilidade dos enfermos humanos, que copiam fielmente a vida dos patos irracionalíssimos, a refocilarem-se grasnando nos charcos lamacentos?

Empresa inútil; todavia, apesar dos anos que tenho vivido nesta região de aquém, onde se surpreendem inimagináveis imprevistos, ainda não perdi o gosto de rir gostosamente do meu próximo, que se acha metido na veste sebosa da carne nojenta; mas uma necessidade se me impunha, imperiosa, tirânica: adaptar-me de novo a expressar as maviosidades aveludadas da língua portuguesa.

Um olhar retrospectivo bastou para que me sentisse apavorado com tantos progressos, tanta reforma, tanta novidade e tanta tolice.

Sempre amei o que é novo, detestando as formas e as medidas que constringem a beleza e a espontaneidade da ideação, adorando a originalidade, abominando, porém, a macaqueação e a estupidez. E a velha sociedade, com os seus costumes desonestos, deteriorando-se, dia a dia, numa decomposição asquerosa, apresenta-se-me tal qual uma cortesã muito antiga com os seus cabelos brancos, rosto enrugado, olhos escleróticos e dentes podres, cobrindo-se de pós perfumados e rendas de Bruxelas, toucando-se de um ar de mocidade fabricada. Foram talvez essas ânsias de apegar-se ao que seja parvoiçadas que, em confusão, provocaram o parto da onda futurista que avassala os cérebros fúteis da atualidade.

Coisas da velhice caduca e incapaz.

Cultua-se somente o que é tolo, adora-se apenas a frivolidade, entronizando-se tudo o que transpire a puerilidades ocas e casquilhas.

Que é a literatura hodierna? Um acervo de bagatelas da mentalidade dos palermas. E como se julgam engrandecidos os nossos extraordinários gigantes liliputianos que, atolados até o pescoço na sua ciência, condenam tudo o que é perfeito! O monumento literário da língua portuguesa, modernamente, não é mais do que uma caleça em cacos empoeirados, onde se aboletam os pobres passadistas, enfermos da cabeça.

Os livros nossos, genuinamente nossos, hoje não são mais que repositórios de bolor, de mofo, de sujidades; são letras ordinárias, falhas de beleza, sem a mínima dose de sentimentalidade e poesia, e mesmo de patriotismo. Pecam, como arcaicas, por se prenderem a coisas de Portugal e do Brasil. Quem eram Herculano, Camilo, Fialho, Machado de Assis? Nomes que passaram, escrevinhadores de prosa barata para brochuras pífias e reles. Castilho, João de Deus, Antero de Quental? Poetastros e versejadores choramingas, que servem apenas para salientar a beleza imaculada das excelsas produções dos novos príncipes da poesia, imortalizados com os seus altíssimos poemas de cinco palavras. Tudo passou.

Classicismo, estilística, vernaculidade? Só com os senhores puristas da época, iluminados de... idiotia. Esses, sim, com o rótulo de doutores por fora, com a carteira recheada de pergaminhos amarelentos, cheirando a bafio, estigmatizados por dentro com o sinal de patetas, são os grandes literatos futuristas. Transudando superioridade até nas extremidades das unhas, acham-se por aí aos centos, turibulados, incensados,

O jovem Chico Xavier.
[Acervo: Casa de Chico Xavier]

285

provocando a admiração dos seus contemporâneos, que bem se assemelham àquele pobre quadrúpede resignado e pachorrento, que não sabe senão ornear ruidosamente.

Tantos e tão fortes motivos ordenavam que me afastasse da chatíssima intenção de escrever para aí; encontra-se enfraquecido, profundamente depauperado o meu arsenal de ironia e chocarrices, e já que somente com essas armas afiadíssimas se pode enfrentar sem medo a pirâmide imensa e fenomenal das parvoíces da besta humana, era necessário desistir.

Antegozei, contudo, o saboroso prazer de oferecer aos meus semelhantes a minha opinião pessoalíssima, que sempre lhes caiu na alma como pedra de acentuado sarcasmo, e lembrei-me dos bons tempos em que o Fernando de Lacerda transmitia a esse mundo sublunar as minhas asneiras, em cartas sensaboronas, que faziam o prato delicioso da sociedade alfacinha.

Acometeu-me o desejo incoercível de atirar um dos meus petardos de troça ao gênero bípede e estalar uma boa gargalhada, sonora e sã, com o fito de manifestar todas as minhas felicitações à sociedade nova, heroica, futurista, valente, vaidosa, sorridente e atoleimada.

Foi o que fiz. Tentei a prova.

Focalizei no meu pensamento a ideia de vir ter contigo e bastou isso para que as minhas raras faculdades de fantasma alígero me conduzissem a este maravilhoso recanto sertanejo em que vives, esplendor de canto agreste, quase selvagem, trazendo-me reminiscências de uma paisagem minhota, cortada de regatos, aromatizada de frescas verduras, suave e perfumosa, encantadora e alegre, onde apenas faltasse o cheiro caricioso do vinho verde reconfortador. Busquei aproximar-me da tua individualidade.

E nesse momento da mensagem, o Espírito Eça de Queirós faz uma descrição inusitada da personalidade de Chico Xavier aos 22 anos, caminhando, solitariamente, pelas ruas da pequena cidade de Pedro Leopoldo:

Vi-te, finalmente. Lá surgias ao fim de uma rua bem cuidada, onde se alinhavam casas brancas e arejadas, brasileiríssimas, abarrotadas de ar, de saúde, de sol; vinhas com o passo cansado, pele suarenta a derreter-se dentro de roupas quase ensebadas, com os pés metidos em legítimos sacos do Porto, obrigando-me a evocar o cais de Lisboa, onde pululam esses tipos vulgaríssimos de moços de recados e carregadores, envergando tamancos portuguesíssimos.

Sem que pudesses observar-me, submeti-te a demorado exame. Procurei a tua bagagem de pensamentos, encontrando na tua mocidade tudo quanto a tristeza criou de mais sombrio; em tua alma amargurada, vi apenas porções de sofrimentos, pedaços de angústia esterilizadora, recordações tristonhas, lágrimas cristalizadas, reconhecendo que ambos éramos falhos para o labor a empreender.

Que não te cause estranheza o meu modo particular de apreciação sobre a tua personalidade. Crê. Nisso não vai a mínima parcela de desconsideração. É que eu próprio me surpreendo com os tipos originais que o espiritualismo moderno apresenta ao mundo. Mãos que se entregam aos rudes trabalhos braçais, fazendo a literatura do além-túmulo, isto é, deste país estranho, onde, folgadamente, como pintassilgo às soltas na natureza, homens interessantes, que Tartufo, atualmente, mimoseia com os epítetos de bruxos e endemoninhados e que Esculápio, com toda a sua respeitável autoridade científica, qualifica de basbaques ou mistificadores, ou, ainda, classifica de casos patológicos a estudar.

Vi-te e ri-me. Não de ti. Ri-me da estultícia do cérebro desequilibrado do asno humano, com o seu volumoso e pesado arquivo de baboseiras. E é com esse riso espantoso, com essa mordacidade que foi sempre o meu característico, que resolvi dirigir-me a esse círculo vicioso de banalidades e formalismos chatos, onde costumas chorar tolamente. Convence-te de que se comete um ato desarrazoado, uma inqualificável imprudência, em derreter-se inutilmente, porque outrem se estertora voluntariamente no lamaçal onde se repoltreiam os irracionais. Abandona essa exótica preocupação aos mais parvos do que tu. Ri-se o mundo de nós? Riamo-nos dele. Achincalhemos os seus arremedos aos gorilas, ridicularizemos as suas intuições, onde predomina a bandalheira, os meus pulos de cabra-cega; traduzamos a admiração que tudo isso nos desperta com o riso bom, que sempre apavorou os tímidos e os insuficientes.

Por que há de alguém lamentar-se sobre a grandeza das esperanças, dos entusiasmos e ilusões, pelo motivo de a humanidade tosca preferir constantemente a mentira à verdade, a escuridão à luz, a guerra à paz, nunca conseguindo desviar-se do pantanal de detritos e porcarias?

Tens um ideal, que é o ideal do bem. O mesmo luminoso sonho de quantos têm admirado o maior e único mestre na

Terra, que foi Jesus. Deixa os receios, os temores e as vacilações às toupeiras enceguecidas, que não suportam senão a luz coada das suas tocas subterrâneas e segue sempre, olhos fitos no clarão do teu esplendente idealismo, não reparando nem contando as dores, os tropeços, os obstáculos, recordando-te incessantemente de que só os que buscam a espiritualidade pura, que se banham nas claridades sadias do sol esplendoroso do sonho de perfeição de Jesus Cristo é que poderão receber as grandiosidades do seu amor.

Toda a minha capacidade descritiva é impotente para pintar a ventura suprema dessas almas que aí viveram em contubérnio com as úlceras da alma, com os padecimentos superlativos, com os cancros morais. Aqui aportam cobertas de chagas vivas e sanguinolentas, que não são transformadas em focos radiosos. Cada gilvaz de dor é uma flor de luz. São esses os gozadores dos benefícios de Deus.

Nunca consegui haver-me com quem se entregasse a lamentações estéreis e improfícuas.

Conhecendo todo o martirológio dos santos, fui sempre avesso aos cilícios, às penitências, à lágrima e à conta de rosário. É que considerava improdutiva toda oração sem trabalho, toda queixa sem luta, toda lamúria sem um esforço sério, no eterno combate da perfectibilidade.

Os que lutam, os que lutam e sofrem, batendo-se corajosamente, são os que possuem as alegrias daqui, que constituem o "*notre argent*" com que adquirimos a felicidade sem mescla.

E são prazeres radiosíssimos, belos. Nem podem comparar-se ligeiramente ao gozo instintivo do bicho humano, ao contemplar a "*belle femme*", as sensações báquicas que se experimentam num café londrino e nem mesmo a alegria louca do artista que se vê, de uma hora para outra, coroado de glórias, no clássico "*salon*" de Paris.

São emoções divinizadas, só aprendidas pelos lutadores, pelos que sonharam na esperança linda de concretização das doutrinas de fraternidade, da luz, do amor, da paz e do perdão. Segue, pois, o teu grande e luminoso ideal. E perdoa-me se nada mais sei dizer que te incite à prática do bem. É que nunca me pesaram muito na alma essas questões de virtudes e bem-aventuranças; jamais pude esconder o meu amor, "*enragé*", por tudo quanto é singularmente profano. Soube rir, rir apenas. Talvez seja esse o motivo por que se enferrujaram as fibras mais delicadas da minha sensibilidade de ironista, faltando-lhes, por certo, para que se mantivessem normais, o lubrificante das lágrimas, que detestei em todos os minutos da minha vida boçal de palhaço.

Adeus. E não olvides do riso, as investidas dos patifes que se refestelam no brejo lodacento das misérias deste mundo de esclarecidíssima ciência ateia, de grandes sábios pigmeus e de portentosas nulidades.[187]

Outro depoimento que considero importante é o do jornalista Clementino de Alencar, repórter do jornal *O Globo*, quando esteve na cidade de Pedro Leopoldo, entre 23 de abril e 25 de junho de 1935, para investigar o fenômeno

---

187. Fernando de Lacerda; Espíritos diversos. *Eça de Queirós, póstumo*. 2. ed. Rio de Janeiro: FEB, [*s.d.*]. [p. 224–229]

Chico Xavier no início da sua tarefa mediúnica e conseguiu encontrá-lo chegando da "venda" do seu padrinho José Felizardo Sobrinho quando o jornalista ainda estava na casa do coletor da cidade, Maurício de Azevedo.[188]

Segue a descrição da sua primeira impressão sobre o mineiro, até então desconhecido, Chico Xavier:

O coletor debruça-se sobre os papéis que enchem sua mesa.

Passam-se alguns minutos de silêncio e espera.

Depois, timidamente uma cabeça, quase risonha, quase assustada, surge à porta.

— Pronto, doutor...

— Entre, Chico Xavier.

Ele atende. Está agora à nossa frente, encostado à parede, evidentemente embaraçado diante daquela cara estranha e daqueles olhos curiosos.

Não traz chapéu nem gravata e todo o seu traje é um atestado de pobreza. É moreno, de um moreno carregado, e tem cabelos muito negros, compridos, crespos. Baixo, compleição forte. Caboclo. Mas no físico, não na expressão. Esta é de estranha humildade e doçura. Com o sorriso leve que mostra agora, seu rosto tem até um ar de ingenuidade. Lá longe, na cidade grande, diriam dele: "Um bobo!"

---

188. A primeira matéria sobre Chico Xavier da série "Mensagens de Além-túmulo" foi publicada em 1.º de maio de 1935 no jornal *O Globo*, do Rio de Janeiro, em primeira página.

Seu embaraço se acentua quando lhe pomos o olhar no casaco surrado, na camisa aberta, nas calças de brim remendadas, nos sapatos cambaios. Com a mesma timidez da entrada, ele observa-nos:

— Desculpem ter eu vindo nestes trajes. Estava trabalhando. A vida tem que ser assim. Trabalhar...[189]

Também encontramos com o memorialista Geraldo Leão, e já publicado no livro *Chico Xavier em Pedro Leopoldo*, o diário pessoal de Nair Tarabal Pinto Moreira, filha de João Pinto de Matos (João Telheiro) e Maria Celestina Tarabal, viúva de José Moreira dos Santos. Nair Tarabal foi colega de Chico Xavier no então Grupo Escolar de Pedro Leopoldo:

Chico. Como o chamamos na intimidade. Às vezes, pergunto a mim mesma: Quem é esse homem? Um gênio? Um predestinado ou um precursor? Conheço o Chico desde menina. Sua família era vizinha da minha avó; quase todos os filhos eram afilhados dos meus tios. Quando sua mãe faleceu, ele estava com 5 anos. Mais tarde, seu pai mudou-se para a Rua São Sebastião. Nessa época, a rua chamava-se "Quebra-Nariz". Foi aí então que nos distanciamos. Entramos para o grupo escolar juntos, mas em classes diferentes, porque ele era inteligentíssimo e eu não podia acompanhá-lo. Era o mesmo grupo, as

---

**189.** Hércio Marcos Cintra Arantes. *Notáveis reportagens com Chico Xavier*. Araras: IDE, 2002. [p. 17]

Chico Xavier em 1935, numa fotografia feita pelo repórter Clementino de Alencar. [Do livro *Notáveis reportagens com Chico Xavier*, p. 14]

mesmas professoras, o mesmo diretor, o Sr. José Maria Bicalho, mas ele sempre mais adiantado. Chico Xavier teve uma infância muito sofrida. Foi o único filho a ser separado da família, indo morar com seu padrinho, o Sr. Juca Bicheiro, mas foi um menino de comportamento exemplar. Sempre sorridente, atencioso e humilde. Aos 17 anos, foi caixeiro no armazém do seu padrinho. Nessa época, me casei e fui morar perto desse armazém, sendo vizinhos novamente. Depois ele foi trabalhar na Fazenda Modelo. Às vezes, fico pensando que Deus fez com Chico o mesmo que com Paulo de Tarso: aproveitou sua inteligência e o chamou para ajudá-Lo em seu ministério, porque a messe é grande, mas poucos os operários. Homem de muita fibra e persistência, renunciou a si próprio para abraçar a causa dos pobres. Estendeu as mãos às crianças e aos enfermos do corpo e da alma.

Se fosse enumerar todas as coisas que o vimos fazer, o caderno todo seria pouco. Seus feitos são seus testemunhos. Hoje fico pensando que estamos paralelos, embora em linhas diferentes.

Nós vimos o arraial, ruas descalças, a maior parte das casas era de enchimento, mas já havia o nosso tradicional Boi da Manta, do Sr. Emílio Ferreira; a nossa capelinha de N. Sra. da Conceição, hoje grande Matriz; as grandes boiadas atravessando as ruas; o boiadeiro tocando o berrante e cantando toadas de saudade para a amada que ficou distante.

Mas havia aqui homens honestos e trabalhadores; homens que trabalharam com mãos firmes, punhos fortes, mentalidade sadia. Vimos inaugurar a vila, mas não pararam por aí, até que chegamos ao asfalto, na cidade grande.

Chico, você é o amigo de infância que não posso esquecer, por mais que a vida dure.[190]

No início da década de 1980, Artur da Távola, consagrado jornalista, escritor, político, crítico de música, teatro e cinema, um verdadeiro especialista da comunicação, fez uma brilhante e imparcial análise da personalidade de Chico Xavier, intitulada "A figura de comunicação de Francisco Cândido Xavier":

Independente de qualquer posição pessoal, crença ou convicção, a figura de comunicação de Francisco Cândido Xavier percorre décadas da vida brasileira, operando um fenômeno (refiro-me à comunicação terrena mesmo) de validade única, peculiar, originalíssima. Não vou, portanto, por falta de autoridade para tal, analisá-lo do ângulo religioso e sim as relações de sua figura de comunicação com o público.

Com todos os significantes necessários a já ter desaparecido ou ter-se isolado como um fenômeno passageiro, a figura de comunicação de Francisco Cândido Xavier, no entanto, ganha um significado profundo, duradouro, acima e além de paixões religiosas, doutrinas científicas ou interpretações metafísicas.

A inexistência de um tipo físico favorecedor funciona como outro curioso paradoxo a emergir da figura de comunicação de Chico Xavier. Aquele homem de fala mansa, peruca,

---

**190.** Divaldo Mattos. *Chico Xavier em Pedro Leopoldo*. Votuporanga: Didier, 2000. [p. 139–141]

acentuado estrabismo, pessoa de humildade e tolerância, não configura o tipo físico idealizado do líder religioso, do chefe de seita, do místico impressionante.

A clássica barba dos místicos ou a cabeleira descuidada, ou o olhar penetrante e agudo dos líderes inexistem no visual de Chico Xavier. Acrescente-se a inexistência, em seu modo de vestir, de qualquer originalidade ou definição de estilo próprio, ainda que contestador dos estilos formais e burgueses.

Não tem, portanto, Chico Xavier, nos aspectos externos e formais de sua figura de comunicação, nenhum dos elementos habitualmente consagrados como funcionais ou impressionantes dos aspectos externos do grande público, elementos de comunicação incorporados consciente ou inconscientemente por figuras importantes nas religiões. Até a figura do papa, líder de uma comunidade religiosa, é envolta em pompa e festa, estratégia visual destinada à maior pregnância de sua mensagem e à definição de sua posição como símbolo. Nem mesmo a mais decidida modéstia e humildade pessoal de vários papas são suficientes para que a figura papal se desvista da pompa e simbologia relativas ao reinado que representa. Até nas religiões orientais, menos pomposas, as figuras líderes são cercadas da visão carismática do líder.

Francisco Cândido Xavier, porém, representa uma espécie de antítese vitoriosa da figura carismática. Não tem, do ponto de vista externo ou visual, nenhum elemento característico. Até ao contrário. Pessoalmente, é o anticarisma. Funciona como símbolo de negação de qualquer pompa ou formalidade, um retorno talvez à pureza primitiva dos movimentos religiosos.

E, no entanto, emerge da figura dele uma das mais poderosas forças de identificação da vida brasileira. Ele é uma espécie de líder desvalido dos desvalidos, dos carentes, dos sofredores, dos não onipotentes, dos despretensiosos, dos modestos, dos dispostos a perder para ganhar.

Curiosamente, tal posição é conquistada naturalmente e sem qualquer traço político direto de tomada de posição ao lado dos fracos, num século em que a revolução social aparece como a tônica e como a grande aglutinadora dos movimentos humanos, inclusive os religiosos. Sem qualquer formulação política, sem qualquer mensagem diretamente relacionada com a exploração do homem, sem qualquer revolta direta e institucionalizada contra a miséria ou a injustiça, Francisco Cândido Xavier emerge com a força do perdão, da tolerância, da fraternidade real, da fraqueza forte, da fé, da humildade e do despojamento erigidos como regra de vida, como trabalho efetivo da caridade; da não pompa; da não hierarquia; da não violência em qualquer de suas manifestações, mesmo as disfarçadas em poder; glória, secretismo, hermetismo, iniciação, poder temporal ou promessa de vida eterna.

A figura de comunicação de Francisco Cândido Xavier emerge, portanto, de uma relação profunda e misteriosa com certo modo de sentir do homem brasileiro, relação essa ainda insuficientemente estudada ou conhecida, até mesmo pelos que a vivem, comandam ou exercem. Até mesmo para ele, Francisco, deve haver muita coisa envolta em mistério, um mistério que os seguidores dele tentam definir e enchem-se de explicações científicas ou cientificizantes, religiosas ou religiosizantes, psicológicas, parapsicológicas ou parapsicologizantes.

Para tal contribui, além do aspecto misterioso da psicografia e da relação com os que morreram, a igualmente misteriosa aura de paz e pacificação que domina os que com ele se relacionam pessoalmente, ou via meios de comunicação, na relação cuidada e cautelosa, equilibrada e pouco frequente por ele mantida com a televisão, na qual aparece muito pouco, uma vez por ano, no máximo, e sempre para grandes públicos.

Além da aura de paz e pacificação que parte dele, há um outro elemento poderoso a explicar o fascínio e a durabilidade da impressionante figura de comunicação de Francisco Cândido Xavier: a grande seriedade pessoal do médium, a dedicação integral de sua vida aos que sofrem e o desinteresse material absoluto. A canalização de todo o dinheiro levantado em direitos autorais para as variadíssimas atividades assistenciais espíritas dá a Chico Xavier uma autoridade moral – tanto maior porque não reivindicada por ele – que o coloca entre os grandes líderes religiosos do nosso tempo.

Quem se aproximar da atividade real de assistência material e espiritual da comunidade espiritualista brasileira verificará que ela é íntegra e heroica, tal e qual o que há e sempre houve de melhor em assistência de religiões como a católica e a protestante (entre nós), prodígios de dedicação, silêncio e humildade que justificam as vidas dos que delas participam.

### Síntese final

A integridade pessoal, a íntima relação entre a pregação e a própria vida, a honestidade de seus seguidores, a ausência completa de significantes externos, o contato com o mistério, a ausência de qualquer forma de violência em sua figura e pregação, a nenhuma subordinação a hierarquias aprisionantes, a discrição pessoal, a nenhuma procura de poder político, temporal ou econômico para o desempenho da própria missão, as formas originais de organização interna do seu movimento, sem personalismos ou autoritarismos – tudo isso gera uma figura de comunicação de alta força, mistério, empatia e grandeza moral, principalmente se considerarmos que enfrentou e ultrapassou tempos diferentes do atual (no qual o ecumenismo felizmente impôs-se). Antes, manifestações como as dele eram removidas como bruxaria ou perigosa, ou bárbaras ou alucinantes, quaisquer manifestações místico-religiosas diferentes ou discrepantes da religião da classe dominante.[191]

Destaco a seguir o depoimento do médium e biógrafo uberabense Carlos Antônio Baccelli, que conviveu e trabalhou por 25 anos com Chico, autor de mais de quinze obras biográficas sobre o médium de Pedro Leopoldo e dez psicografadas em parceria mediúnica com Chico Xavier:

Conheço um homem que tem, na vida, procurado a plenitude... Um homem que aspira a integrar-se no Cristo... Sua existência tem-se constituído de renúncia e sacrifício... Vivesse nos tempos primeiros do Cristianismo seria tomado por um dos apóstolos que seguiam o Mestre... Tivesse nascido alguns poucos séculos atrás se confundiria com o inolvidável místico de Assis... Um dia, sua biografia será escrita... Mas temo que não

---

191. *Reformador*. Rio de Janeiro: FEB, junho de 1980. [p. 36]

venha a retratar com fidelidade o seu viver... Quase toda biografia é informação... E os grandes homens não cabem nem mesmo dentro do perfil biográfico que a História lhes traça, mais tarde...

Conheço um homem que seria um coração a serviço do Evangelho em qualquer parte, em qualquer condição, em qualquer religião... Quando fala em Jesus, estremece... Quando ora, se rende às lágrimas... Quando abraça alguém, o faz com amor... Quando beija as mãos de outrem, é júbilo só...

Conheço um homem de duas vidas... A pública, que é maravilhosa... A íntima, que é mais bela ainda... Um homem que ama os animais, conversa com eles e se entendem... Um homem que ama as plantas, conversa com elas e se regozija...

Conheço um homem com coração de criança, com alma cândida e bela... Um homem que os muitos sofrimentos mais aproximaram de Deus... É a abnegação em pessoa, capaz de ceder sempre em benefício dos outros, de se oferecer em renúncia para que alguém seja feliz...

Conheço um homem como não sei de nenhum outro... Como ele, só de século em século surge na Terra... Ninguém, que eu venha a conhecer de futuro, com certeza o substituirá... Conviver com ele, mesmo a certa distância, tem sido para mim um privilégio, uma bênção... Longe estão de saber quem é ele os que se limitam a olhá-lo de longe... Esse homem tem o mágico poder de transformar espinhos em flores, lágrimas em sorrisos, pedras em degraus, sombras em luzes...

Conheço um homem que nem mesmo a família sabe que tem em casa... Um homem que tem peregrinado no mundo em solidão, ele com as suas "vozes"...

Um dia, eu sei, muito se escreverá sobre ele... E eu, que o conheço, pelo menos melhor que muita gente, quero ler tudo para conferir... Conferir e ver quem terá sensibilidade bastante para retratar-lhe o coração, que, de tanto amar, se transformou numa chama que aquece sem queimar, ilumina sem ofuscar... Um dia, eu já sei, muito especularão em torno da sua vida... Não tem sido assim com a vida do próprio Cristo? Esse Amigo incondicional não tem sido tão incompreendido através dos tempos? Quantas separações em nome dele!...

Conheço um homem que habita uma casinha simples, seus hábitos são simples, sua maneira de vestir é simples... Sua alegria é contagiante, sua voz soa como um consolo... Sua maneira de falar nos cativa... Como, sendo tão plural, pode ser tão singular?

Conheço um homem que, tenho uma leve suspeita, a natureza determinou que no crânio se lhe instalasse o coração e no peito se lhe encarcerasse o cérebro...

E eu estou aqui, caneta em punho, tentando em vão dizer ao mundo quem é esse homem que assim me fascina... Para mim, é um pai, um irmão, um amigo, um confidente, um orientador... Sei que não vou conseguir retratá-lo nas letras com perfeição, mas devo tentar aproximar-me ao máximo... Desejo que os pósteros saibam da existência desse homem, como o conheço e como o sinto, como o vejo e como o amo...

Sim, amigos, esse homem que conheço se impõe uma disciplina extraordinária... Agora, algo desgastado pelos janeiros, arrasta o corpo que habita, superando as próprias inibições físicas... seu peito está doendo, a pressão baixíssima, a angina, que já lhe provocou dois enfartes, castiga-o inclemente...

Mas ele precisa viver, pois muitos precisam dele – representa a última esperança de uma multidão aflita, açoitada pelas adversidades da jornada...

Sim, irmãos, eu conheço um homem que talvez seja o instrumento mais afinado e mais melódico, mais perfeito e mais leal que a Espiritualidade já teve à sua disposição entre os encarnados. Ele encarna a mediunidade no que ela tem de mais sublime...

Esse homem está passando e deixando após si um rastro de luz... Sua vida é uma bênção, uma fonte que dessedenta, um fruto maduro pendente a se oferecer...

Conheço um homem que gostaria que todos o conhecessem como eu... Mas, infelizmente, apesar de todos saberem seu nome, poucos o conhecem... Sei que, lendo estas linhas espontâneas, a maioria me chamará idólatra ou qualquer coisa que o valha... Mas não me importo... Preciso dar o meu testemunho, preciso fazer justiça a quem tem sido tão injustiçado... É uma pena que vários confrades não tenham podido, até agora, compreendê-lo... Um dia, sentirão o grande vazio que ele deixará; só então saberão quanto é grande... Tardiamente, lamentarão...

Quero também dizer que a sua amizade, para mim, é revestida de um profundo sentimento de respeito, sem bajulações... Sei que ele não carece do que registro aqui, que nunca me pediu nada em troca pelo muito que oferece a mim e aos meus... Nem estou redigindo esta página em gratidão; estou apenas querendo abrir um pouco mais os olhos de tantos por aí que não sabem o que dizem, o que pensam, o que insinuam...

Conheço um homem que nem nome tem mais... Sua personalidade está a serviço do Mais Alto, sua vontade submetida à Vontade Maior...

> Esse Espírito materializado que conheço diz ser apenas um **cisco...**[192]

Para finalizar o último capítulo deste livro, gostaria de compartilhar uma carta do próprio Chico endereçada ao casal Nena e Galves, datada do dia 22 de maio de 1969. Nessa carta, com 59 anos, vivenciando claramente a sua humanidade, ele fala das suas angústias, tristezas e da sua solidão, mas afirma que a paz que todos desejamos, de acordo com a recomendação evangélica, é diretamente proporcional à paz que desejamos aos outros:

A princípio, a solidão iniciada em novembro último se me afigurou uma condição difícil de ser transposta, mas com a passagem dos dias como que a misericórdia de Jesus se compadeceu de mim e mandou que os horizontes do meu coração se ampliassem... Comecei a perceber que a solidão não existia. A noite, que era para mim o tempo mais difícil de ser atravessado, povoou-se de vozes, de um momento para outro... Já não eram somente as palavras dos amigos espirituais que me induziam à fortaleza e ao reconforto... Deles começou a chegar para mim um novo hálito de energia e reconheci que a solidão fora um túnel para que eu lhes encontrasse mais vivamente a influência e o sorriso... Então venho compreendendo que realmente essas crianças sequiosas de afeto que nos procuram são

---

**192.** Carlos Antônio Baccelli. *Chico Xavier: mediunidade e coração.* São Paulo: Ideal, 1985. [p. 25–26]

igualmente nossos filhos da alma e que esses companheiros da humanidade que nos buscam, em nossas tarefas espirituais, tantas vezes algemados a cruzes de necessidade e de pranto, são também nossos familiares queridos... Agora, quando estou presente em nossa sopa fraterna, um laço mais profundo me reúne a cada criança que abraço... A vida vai adquirindo para mim um novo e mais belo sentido... Uma força que eu não sei explicar vai me renovando por dentro e observo que a presença do Senhor nunca nos deixa a sós. Isso tudo que venho sentindo principiou numa noite dessas, quando me vi fora do corpo... Comecei a andar pelo quintal em espírito e, não sei por que meios, as vozes vinham da natureza e, sem palavras articuladas, as cousas, aparentemente desprovidas de inteligência, me falavam à alma... O chão que eu pisava parecia dizer-me que ele também tinha vida e amava o Criador que o fizera e que, conquanto as criaturas o calcassem os pés, ele se sentia feliz por servi-las, dando-lhes esperança... Mal não terminara e as roseiras nossas conhecidas como que me anotavam os problemas e me faziam sentir que elas também amavam as rosas que Deus lhe colocara nos braços vivos e ansiosos, e que sentiam imensa falta das flores que a Sabedoria Divina lhes criara na seiva, mas que se sentiam consoladas por saberem que os rebentos de uma vida eram apanhados e levados para longe pelas mãos dos homens para derramarem perfume e alegria em louvor das criaturas de Deus... Depois como que as pedras na base do lar me induziam a compreender que elas igualmente amam o Criador que as materializou em auxílio do homem e as congregou em admirável união, em serviço nas fundações terrestres, dando-me a perceber que, embora, muitas vezes, ignoradas, sentem a felicidade de ajudar na sustentação das edificações humanas... Em seguida, a noite – a própria noite – tinha também uma confortadora mensagem e como que me falava, sem verbo audível, para que eu a recebesse sem medo, porque ela me oferecia um regaço materno à meditação e me ensinava a descobrir que a sombra era tão-somente um caminho para que vejamos no espaço infinito as legiões de estrelas, à maneira de falanges do amor celestial que Deus concede à Terra para que a Terra não se sinta sozinha na imensidão... Minha emotividade se fez tão forte que os laços da vida física me reclamaram ao corpo e, em meio de lágrimas de reconhecimento, compreendi que a solidão desaparecera... Então, em prece, consegui pensar: "Oh! Meu Deus, meu Deus! Sê louvado, Pai de amor, pelo amor infinito com que Te fazes presente em toda parte!"[193]

Em 30 de junho de 2002, a garça alçou novos voos, deixando um rastro de exemplificação em generosidade, compaixão e alegria de viver. Mas também deixou muitas saudades, pois já não é possível a conversa ao "pé do ouvido", se encantar com suas risadas gostosas e passar pelas noites e madrugadas ouvindo os casos recheados de amor e ensinamentos.

Como poderei esquecer os bate-papos na casa de Cidália Xavier e Maria Luiza Xavier em Pedro Leopoldo? Os

**193.** Nena Galves. *Até sempre Chico Xavier.* São Paulo: CEU, 2008. [p. 151–153]

livros, os pacotes de mensagens e os cartões ornamentados com amores-perfeitos enviados pelo correio? Os almoços deliciosos aos sábados, preparados pela incansável e fiel Dinorá? As memoráveis reuniões na Casa da Prece? As atividades sociais no "abacateiro" e na Vila do Pássaro Preto, em Uberaba? E o sorriso todo característico de quem estava de bem com a vida, "fazendo contrariedades do tamanho de elefantes, que ocupavam a cabeça dos desesperados, ficarem menores que peixinhos de aquários"?

Tenho na memória, numa das minhas visitas ao Chico Xavier em Uberaba, a vivência de uma situação inusitada. Ao seu lado, observei que uma senhora, chorando copiosamente, começou a descrever-lhe um quadro doloroso. Havia perdido toda a família num acidente automobilístico. Fiquei me perguntando: como seria possível consolar uma dor tão intensa? O que Chico poderia dizer que pudesse reconfortar aquela mulher? Para minha surpresa, e de todos que acompanhavam aquela comovente cena, ele se levantou e a abraçou. Choraram os dois.

Depois do abraço, busquei curioso o olhar daquela mulher e observei que a dor ainda permanecia em sua face, mas ela esboçou um sorriso que eu nunca consegui compreender.

Diria que Chico Xavier, sem dizer nada, disse tudo.

Onde essa garça vai pousar novamente?

Só Deus sabe.

Chico Xavier nos anos 1930,
em pose fotográfica.
[Acervo: Casa de Chico Xavier]

Chico Xavier acolhendo os sofredores. Retrato a óleo de Adeir, de 1987. Pintada ao vivo no Grupo Espírita da Prece de Uberaba, com a autorização de Chico Xavier, a tela que ornava a varanda de entrada da Casa de Chico Xavier de Pedro Leopoldo foi roubada em 26 de setembro de 2012. A comunidade espírita da cidade natal de Chico Xavier, amigos e frequentadores da Casa de Chico Xavier lamentaram o triste episódio a expressar desrespeito e desconsideração para com a memória do apóstolo do Cristo, eleito livremente pelo povo no dia 3 de outubro de 2012 como o maior brasileiro de todos os tempos em iniciativa do Sistema Brasileiro de Televisão (SBT). Até a data da presente edição, a tela continuava desaparecida.

DIZER QUEM EXATAMENTE FOI CHICO XAVIER É UMA TAREFA HUMANAMENTE IMPOSSÍVEL. MESMO SE REUNÍSSEMOS AS MAIS DE 200 BIOGRAFIAS PRODUZIDAS ATÉ O MOMENTO, E CONVERSÁSSEMOS COM TODOS AQUELES QUE CONVIVERAM COM ELE, NÃO CONSEGUIRÍAMOS DIZER EXATAMENTE QUEM FOI CHICO XAVIER.

EM 30 DE JUNHO
DE 2002, A GARÇA
ALÇOU NOVOS VOOS,
DEIXANDO UM RASTRO
DE EXEMPLIFICAÇÃO
EM GENEROSIDADE,
COMPAIXÃO E
ALEGRIA DE VIVER.
MAS TAMBÉM DEIXOU
MUITAS SAUDADES.
ONDE ESSA GARÇA VAI
POUSAR NOVAMENTE?
SÓ DEUS SABE.
AVE, CHICO!

# REFERÊNCIAS BIBLIOGRÁFICAS

AGUIAR, Sebastião. *Biblioteca Época: personagens que marcaram época – Chico Xavier*. São Paulo: Globo, 2006. 112 p.

AGUIAR, Sebastião. *Chico Xavier, um doce olhar para o além*. São Paulo: Globo, 2010.

ALMADA, João Antônio. *Acervo pessoal*. Guarapari: 2010, Rua Mônaco, 91.

ALVES NETO, Darwin de Rezende. *Acervo pessoal*. Belo Horizonte: 2010, Av. Cristóvão Colombo, 550.

ARANTES, Hércio Marcos Cintra (org.). *Notáveis reportagens com Chico Xavier*. Araras: IDE, 2002. 254 p.

ARRUDA, Rogério (org.). *Nos trilhos do tempo: memória da ferrovia em Pedro Leopoldo*. Belo Horizonte: Mazza, 2003. 160 p.

BACCELLI, Carlos Antônio. *100 anos de Chico Xavier: fenômeno humano e mediúnico*. Uberaba: Leepp, 2010. 463 p.
_____. *Chico Xavier: mediunidade e coração*. São Paulo: Ideal, 1985. 143 p.
_____. *Chico Xavier à sombra do abacateiro*. Catanduva: InterVidas, 2023. 304 p.
_____. *Chico Xavier: mediunidade e ação*. São Paulo: Ideal, 1991. 168 p.
_____. *Chico Xavier: mediunidade e luz*. São Paulo: Ideal, 1989. 184 p.
_____. *Chico Xavier: mediunidade e vida*. São Paulo: Ideal, 1987. 160 p.
_____. *Chico Xavier: o médium dos pés descalços*. Belo Horizonte: Vinha de Luz, 2011. 328 p.
_____. *O evangelho de Chico Xavier*. Votuporanga: Didier, 2000. 171 p.

BACCELLI, Márcia Queiroz Silva. *A vida de Chico Xavier para as crianças*. São Paulo: Ideal, 1988. 96 p.

BARBOSA, Elias. *No mundo de Chico Xavier*. 9. ed. Araras: IDE, 1997. 166 p.

BARNABÉ, José. *A graciosa história de Pedro Leopoldo*. Pedro Leopoldo: [s.n.], [s.d.]. 34 p. [Produção independente]

CABRAL NETTO, Joaquim. *Comenda da paz Chico Xavier*. Belo Horizonte: Speed, 2012. 199 p.

CARMO, Osvaldo Gonçalo do. *Esta Pedro Leopoldo: fatos, coisas e pessoas da minha cidade*. Pedro Leopoldo: [s.n.], 1995. 131 p. [Produção independente]

CARVALHO, Antonio Cesar Perri. *Chico Xavier: o homem e a obra*. São Paulo: USE, 1997. 93 p.

CARVALHO, Antonio Cesar Perri; MELO, Oceano Vieira de (org.). *Depoimentos sobre Chico Xavier*. Brasília: FEB, 2010.

CENTRO ESPÍRITA LUIZ GONZAGA. *Acervo fotográfico do Memorial Centro Espírita Luiz Gonzaga*. Pedro Leopoldo: 2010, Rua São Sebastião, 55.

CHICO XAVIER INÉDITO: *de Pedro Leopoldo a Uberaba*. Direção: Oceano Vieira de Melo; Lauro Michielin; César Burnier; Fernando Portela. Produção: Caio Alcântara; Luigi Picchi. São Paulo: Versátil Vídeo Spirite – Brasil c2007. 1DVD (300 min), widescreen letterbox 1.66:1, p&b-color, português.

COSTA, Carlos Alberto Braga. *Chico Xavier: do calvário à redenção*. Capivari: EME, 2019. 272 p.

COSTA E SILVA, Luciano Napoleão da. *Nosso amigo Chico Xavier*. 8. ed. São Paulo: Alf, 1997. 330 p.

ÉPOCA. São Paulo, 1990. *Fala, Frei Betto*.

FERNANDES, Magali Oliveira. *Chico Xavier: um herói brasileiro no universo da edição popular.* São Paulo: Annablume, 2008. 254 p.

FERREIRA, Elysio Alves Gonçalves. *A verdadeira história da origem de Pedro Leopoldo.* Pedro Leopoldo: [s.n.], [s.d.]. 63 p.

FOLHA ESPÍRITA. São Paulo, 1977. Edição especial comemorativa dos 50 anos de mediunidade de Chico Xavier.

GALVES, Nena. *Até sempre Chico Xavier.* São Paulo: CEU, 2008. 285 p.

GAMA, Ramiro. *Lindos casos de Chico Xavier.* 19. ed. São Paulo: LAKE, 2000. 216 p.

GERMINHASI, Rubens Sílvio (org.). *Luz bendita.* São Paulo: Ideal, 1992. 248 p.

GOMES, Saulo (org.). *Pinga-Fogo com Chico Xavier.* Catanduva: InterVidas, 2009. 271 p.

GONTIJO, Moema Moreira. *100 anos da indústria em Belo Horizonte.* Belo Horizonte: FIEMG/SESI. 1998. 95 p.

GRISI, Romeu; SESTINI, Gerson. *Inesquecível Chico.* São Bernardo do Campo: GEEM, 2008. 182 p.

ISSA FILHO, José. *Coisas do reino de Pedro Leopoldo 1.* Pedro Leopoldo: Tavares, 1993. 267 p.
_____. *Coisas do reino de Pedro Leopoldo 2.* Pedro Leopoldo: Tavares, 1996. 316 p.
_____. *Coisas do reino de Pedro Leopoldo 3.* Pedro Leopoldo: Tavares, 2002. 350 p.

JACINTO, Roque. *Chico Xavier: quarenta anos no mundo da mediunidade.* São Paulo: Edicel, 1967. 302 p.

JORGE, Fred. *Chico Xavier: sua verdadeira história*. São Paulo: Saber S/A, 1972. 89 p.

JORNAL A NOTÍCIA. Rio de Janeiro, 1958.

LACERDA, Fernando de; Espíritos diversos. *Eça de Queirós, póstumo*. 2. ed. Rio de Janeiro: FEB, [s.d.]. 232 p.

LEMOS NETO, Geraldo. *Acervo fotográfico da Casa de Chico Xavier*. Pedro Leopoldo: 2010, Rua Pedro José da Silva, 67.

LEMOS NETO, Geraldo (org.). *Mandato de amor*. Belo Horizonte: UEM, 1992. 293 p.

LEWGOY, Bernardo. *O grande mediador: Chico Xavier e a cultura brasileira*. Bauru: Edusc, 2004. 135 p.

LOPES, Claudinei. *Em busca de Chico Xavier*. São Paulo: Intelítera, 2014. 214 p.

MACHADO, Ubiratan Paulo. *Chico Xavier: uma vida de amor*. 5 ed. Araras: IDE, 2006. 128 p.

MARTINS, Marcos Lobato. *Pedro Leopoldo: memória histórica*. 2. ed. Pedro Leopoldo: Câmara Municipal de Pedro Leopoldo, 2006. 224 p.

MATTOS, Divaldo. *Chico Xavier em Pedro Leopoldo*. Votuporanga: Didier, 2000. 177 p.

NASSER, David; MANZON, Jean. *Mergulho na aventura*. Rio de Janeiro: O Cruzeiro, 1945. 349 p.

NOBRE, Marlene Rossi Severino. *Lições de sabedoria: Chico Xavier nos 23 anos da Folha Espírita*. 2. ed. São Paulo: FE, 1997. 289 p.

OLIVEIRA, Weimar Muniz de. *Chico Xavier: casos inéditos*. Goiânia: Feego, 1998. 256 p.

OTTONI, Christiano. *De Stratford à Serra do Cipó, passando pela Cachoeira das Três Moças*. Pedro Leopoldo: Tavares, 2005. 128 p.

QUINTÃO, Manuel. *Romaria da graça*. Rio de Janeiro: FEB, 1939. 37 p.

RANIERI, R.A. *Chico Xavier: o santo dos nossos dias*. 2. ed. São Paulo: Eco, 1973. 167 p.
_____. *Recordações de Chico Xavier*. São Paulo: LAKE, 1976. 221 p.
_____. *O prisioneiro do Cristo*. São Paulo: LAKE, 1978. 160 p.

REFORMADOR. Rio de Janeiro: FEB, jan. 1933. p. 20–23.
_____. Rio de Janeiro: FEB, jul. 1936. p. 5–10.
_____. Rio de Janeiro: FEB, mar. 1939. p. 17–18.
_____. Rio de Janeiro: FEB, dez. 1943. p. 17.
_____. Rio de Janeiro: FEB, mai. 1953. p. 19.
_____. Rio de Janeiro: FEB, ago. 1953. p. 13.
_____. Rio de Janeiro: FEB, ago. 1958. p. 19–20.
_____. Rio de Janeiro: FEB, fev. 1959. p. 21.
_____. Rio de Janeiro: FEB, set. 1967. p. 5–8.
_____. Rio de Janeiro: FEB, jun. 1980. p. 36.
_____. Rio de Janeiro: FEB, jul. 2002. p. 17–34. Edição Especial Chico Xavier.

REIS, Eurípedes Humberto Higino dos. *Uma vida com Chico Xavier: 100 anos*. Uberaba: Livraria FCX Ltda., 2010. 200 p.

RODRIGUES, Wallace (org.). *Meimei, vida e mensagem*. 4. ed. Matão: O Clarim, 2005. 205 p.

SALMAN, Maria da Conceição Barbabela. *Pedro Leopoldo: novos tempos*. Pedro Leopoldo: [s.n.], 1987. 56 p. [Produção independente]

SANTOS, Geraldo Leão dos. *Arquivo Geraldo Leão*. Pedro Leopoldo: 2010, Rua São Sebastião, 216.

SANTOS, Josefa Soares. *Acervo fotográfico pessoal*. Pedro Leopoldo: 2010, Rua Benedito Valadares, 61-A.

SCHUBERT, Suely Caldas. *Testemunhos de Chico Xavier*. Brasília: FEB, 1986. 417 p.

SILVA, Bárbara Valeska da Silva. *Acervo fotográfico pessoal*. Pedro Leopoldo: 2010, Rua Pacífico José Diniz, 496.

SILVA, Paulo Afonso Gonçalves. *Acervo Paulão Art Foto*. Matozinhos: [s.n.], 2010.

SOUTO MAIOR, Marcel. *As vidas de Chico Xavier*. 2. ed. São Paulo: Planeta do Brasil, 2003. 271 p.

TAVARES, Clóvis. *Trinta anos com Chico Xavier*. 6. ed. Araras: IDE, 2001. 271 p.

TENUTA, Auristela da Cunha. *Acervo pessoal*. Belo Horizonte: 2010, Rua Carlos Gomes, 83/202.

TIMPONI, Miguel. *A psicografia ante os tribunais*. 4. ed. Rio de Janeiro: FEB, 1944. 408 p.

VASCONCELOS, Humberto. *Materialização do amor: vida e obra de Peixotinho*. 2. ed. Recife: Doxa, 2003. 326 p.

VASCONCELOS FILHO, Antônio. *Monografia de Matozinhos: retrato de corpo e alma*. Matozinhos: [s.n.], 2000. [Produção independente]

WEGUELIN, João Marcos (org.). *Cândida missão*. Belo Horizonte: Vinha de luz, 2022, 272 p.
_____. *Inácio Bittencourt, o apóstolo da caridade*. Rio de Janeiro: CRBBM, 2023. 212p.

XAVIER, Francisco Cândido; EMMANUEL, Espírito; GENTILE, Salvador e ARANTES, Hércio Marcos Cintra (org.). *A terra e o semeador.* 7 ed. Araras: IDE, 1991. 191 p.

XAVIER, Francisco Cândido; ESPÍRITOS DIVERSOS. *Palavras do infinito.* 6. ed. São Paulo: LAKE, 1982. 123 p.
_____. *Parnaso de além-túmulo.* 16. ed. Rio de Janeiro: FEB, 2002. 462 p.

XAVIER, Francisco Cândido; ESPÍRITOS DIVERSOS; JOVIANO, Wanda Amorim (org.). *Militares no além.* Belo Horizonte: Vinha de Luz, 2008. 176 p.

XAVIER, Francisco Cândido; ESPÍRITOS DIVERSOS; LEMOS NETO, Geraldo (org.); GONÇALVES, Sérgio Luiz Ferreira (org.). *Chico Xavier: o primeiro livro.* Belo Horizonte: Vinha de Luz, 2010. 168 p.

XAVIER, Francisco Cândido; ESPÍRITOS DIVERSOS; ROCHA, Arnaldo (org.). *Instruções psicofônicas.* Rio de Janeiro: FEB, 1955. 295 p.

XAVIER, Francisco Cândido; ESPÍRITOS DIVERSOS; SANTOS, Eugênio Eustáquio dos (org.). *Registros imortais.* Belo Horizonte: Vinha de Luz, 2013. 352 p.

XAVIER, Francisco Cândido; INÊS DE CASTRO, Espírito; RAMACCIOTTI, Caio (org.). *Mensagens de Inês de Castro.* 18. ed. São Bernardo do Campo: GEEM, 2011. 312 p.

XAVIER, Francisco Cândido; JOVIANO, Wanda Amorim (org.); LEMOS NETO, Geraldo (org.). *Deus conosco.* 2. ed. Belo Horizonte: Vinha de Luz, 2008. 626 p.

XAVIER, Francisco Cândido; NEIO LÚCIO, Espírito. *Sementeira de luz.* Belo Horizonte: Vinha de Luz, 2006. 669 p.
_____. *Sementeira de paz.* Belo Horizonte: Vinha de Luz, 2010. 416 p.

# ÁRVORE GENEALÓGICA - FAMÍLIA XAVIER

# DO PRIMEIRO CASAMENTO
## JOÃO CÂNDIDO XAVIER
## MARIA DE SÃO JOÃO DE DEUS

1. Maria Cândida Xavier (Bita) (1895–1972), casada com Francisco Rodrigues de Aguilar (Chiquito). Filhos: Maria da Glória, José, Áurea, Raymunda, Marta, Elvira (adotiva).

2. Maria Luiza Xavier (1897/1901–1985), casada com Lindolfo José Ferreira. Filhos: Maria Alice (Alicinha, desencarnada precocemente), Maria Lúcia, Maria Alice (Pingo), Luciano.

3. Maria de Lourdes Xavier Fernandes (1902–1997), casada com José Fernandes. Filhos: José, Ilca, Delza, Mariza, Alcione, Waldir.

4. Carmozina Xavier Pena (Zina) (1904–1975), casada com Nelson Pena. Filhos: Nelson, Adriano, Nelma, Elma, Mauro, Nívea.

5. José Cândido Xavier (1906–1939), casado com Geni Pena Xavier. Filhos: Emmanuel Luiz, Flávio Renan.

6. Maria da Conceição Xavier Pena (Tiquinha) (1907–1980), casada com Jacy Pena. Filhos: Paulo Pedro, Amaury, Francisco, Sálvio, Cláudio, David, Sidália, Ismael.

**7.** Francisco Cândido Xavier (Chico Xavier) (1910–2002).

**8.** Raymundo Cândido Xavier (Mundico) (1913–1942), casado com Maria Pena Xavier (Mariinha). Filhos: João Herculano, Ana Maria.

**9.** Geralda Xavier Quintão (1914–2007), casada com Pedro Quintão. Filhos: Radamés, José Cândido, Alzira Maria, Nelma.[194]

Chico Xavier teve 9 irmãos no primeiro casamento.[195]

---

**194.** Fonte: "Carta de Arrematação" extraída dos autos de inventário dos bens deixados pela finada Maria de São João de Deus, passada a favor de Amando Filho. Nesse documento, da comarca de Santa Luzia, datado de 5 de abril de 1918, há referências das idades dos filhos do casal João Cândido Xavier e Maria de São João de Deus, com exceção da primogênita Maria Cândida, e que são as seguintes: Maria Luiza, 17 anos; Maria de Lourdes, 16 anos; Carmozina, 14 anos; José Cândido, 12 anos; Maria da Conceição, 10 anos; Francisco Cândido, 8 anos; Raymundo, 5 anos; Geralda, 4 anos.

**195.** Nesta relação, por desconhecer o nome da criança, não estamos considerando uma das irmãs de Chico Xavier falecida com poucos dias de vida. Ver nota de rodapé da página 52.

## DO SEGUNDO CASAMENTO
### JOÃO CÂNDIDO XAVIER
### CIDÁLIA BATISTA

1. André Luiz Xavier (1917–2009), casado com Edith Malaquias Xavier. Filhos: Ademir, Ângela.

2. Lucília Xavier Silva (1919–2005), casada com Waldemar Silva. Filhos: Wagner, Pablo.

3. Neuza Xavier Leroy (1921–1951), casada com Alberto Leroy. Filhos: Paulo Estevão, Cidália.

4. Cidália Xavier de Carvalho (Dália) (1924–2015), casada com Francisco Teixeira Carvalho (Chiquinho). Filhos: Mary Rose, Willer.

5. Doralice Xavier (1927–2008).

6. João Cândido Xavier Filho (1928–1974).

# GALERIA DE FOTOS

A2

Chico Xavier e o autor, em 1983, em Uberaba. [Acervo pessoal]

O autor com José Issa Filho, Geraldo Lemos Neto, da Casa de Chico Xavier de Pedro Leopoldo, e Geraldo Leão. Foto feita no Arquivo Geraldo Leão, em Pedro Leopoldo, em 2010. [Acervo pessoal]

O autor com Eliana Machado, hoje desencarnada, na Casa da Prece, em Uberaba, na década de 1980. [Acervo pessoal]

O autor com Heigorina Cunha, em 2007, em Sacramento. [Acervo pessoal]

O autor, em 2006, com Geralda Xavier Quintão,
a irmã mais nova de Chico, do primeiro casamento.
Fotografia feita em Belo Horizonte. [Acervo pessoal]

O autor com Dinorá Cândida
Fabiano, em Uberaba, durante
o I Encontro Nacional dos Amigos
de Chico Xavier e sua Obra – 2008.
[Acervo pessoal]

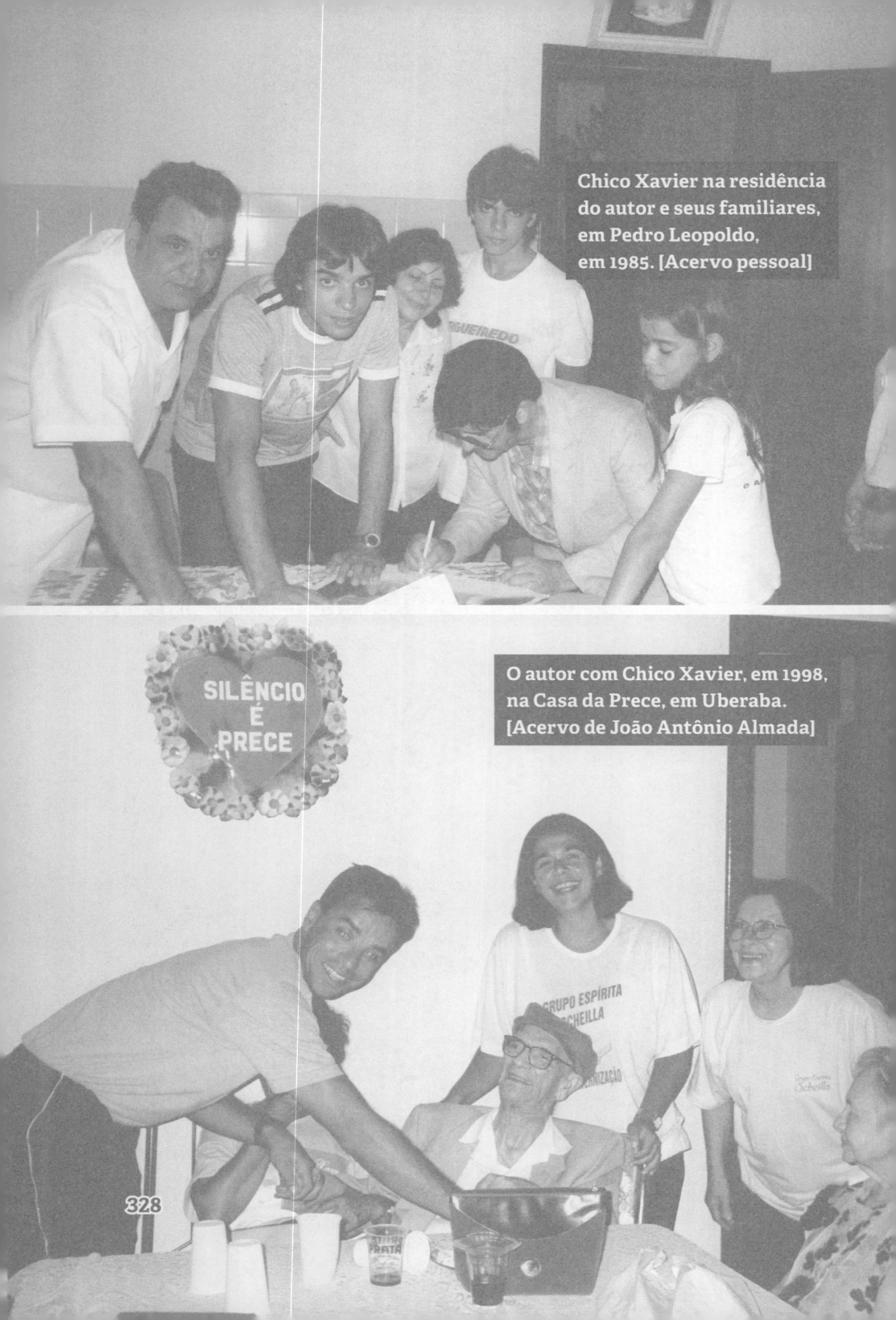

Chico Xavier na residência
do autor e seus familiares,
em Pedro Leopoldo,
em 1985. [Acervo pessoal]

O autor com Chico Xavier, em 1998,
na Casa da Prece, em Uberaba.
[Acervo de João Antônio Almada]

SILÊNCIO
É
PRECE

Chico Xavier e o autor, em 1990, em Uberaba. [Acervo pessoal]

Cidália Xavier em sua residência, em Pedro Leopoldo, com o autor, em 2010. [Acervo pessoal]

# SITE
# CHICO E JHON

→ **VÍDEOS, IMAGENS, ÁUDIOS**
→ **ENTREVISTAS, DOCUMENTOS, INFORMAÇÕES**
→ **CURIOSIDADES, NOVIDADES, DÚVIDAS**
→ **AGENDA, LANÇAMENTOS, LIVES...**

**CONHEÇA CONTEÚDO ADICIONAL DESTE LIVRO, DESCUBRA MATERIAL INÉDITO DE CHICO XAVIER E DO ESPIRITISMO, ACOMPANHE PALESTRAS, ESTUDOS E PESQUISAS DE JHON HARLEY... E SAIBA MUITO MAIS! ACESSE JÁ:**

**WWW.CHICOJHON.COM.BR**

# CHICO XAVIER O VOO DA GARÇA

© 2010–2024
*by* VINHA DE LUZ

InterVidas

**DIRETOR GERAL**
Ricardo Pinfildi

**DIRETOR EDITORIAL**
Ary Dourado

**ASSISTENTE EDITORIAL**
Thiago Barbosa

**CONSELHO EDITORIAL**
Ary Dourado, Ricardo Pinfildi, Rubens Silvestre, Thiago Barbosa

**DIREITOS AUTORAIS**
Vinha de Luz Serviço Editorial Ltda.
CNPJ 02.424.852/0001-31
Rua Coelho de Souza, 132, sala 70/71 • Santo Agostinho
30.180-030 Belo Horizonte MG
31 2531 3200 www.vinhadeluz.com.br

**DIREITOS DE EDIÇÃO**
Editora InterVidas [Organizações Candeia Ltda.]
CNPJ 03.784.317/0001-54 IE 260.136.150.118
Rua Minas Gerais, 1520 • Vila Rodrigues
15.801-280 Catanduva SP
17 3524 9801 www.intervidas.com

**DESTINAÇÃO DOS RECURSOS DA VENDA**
O autor doou integralmente os direitos autorais para a
Vinha de Luz Serviço Editorial Ltda., que destina os recursos
da comercialização desta obra para a manutenção das
atividades da CASA DE CHICO XAVIER [Pedro Leopoldo, MG]
e do GRUPO ESPÍRITA SABER AMAR [Belo Horizonte, MG]

## DADOS INTERNACIONAIS DE CATALOGAÇÃO NA PUBLICAÇÃO [CIP BRASIL]

**H285c**

**HARLEY, Jhon [\*1961]**
*Chico Xavier: o voo da garça*
Jhon Harley
Catanduva, SP: InterVidas, 2024

336 p. ; 15,7 × 22,5 × 1,7 cm ; il.

Bibliografia

**ISBN 978 85 60960 36 1**

1. Espiritismo   2. Minas Gerais   3. História
4. Médiuns   5. Biografia   6. Pedro Leopoldo (MG)
7. Xavier, Francisco Cândido (1910–2002)
I. Harley, Jhon   II. Título

CDD 133.9092

---

### ÍNDICE PARA CATÁLOGO SISTEMÁTICO

1. Espíritas : Biografia e obra    133.9092

---

### EDIÇÕES

#### VINHA DE LUZ
1.ª ed.,  Jul/2010,  2 mil exs.
2.ª ed., Nov/2010,  2 mil exs.
3.ª ed., Dez/2013, 2 mil exs.
4.ª ed., Fev/2018, 1 mil exs.

#### INTERVIDAS
1.ª ed., Set/2024, 2,5 mil exs.

---

Impresso no Brasil    *Printed in Brazil*    *Presita en Brazilo*

# COLOFÃO

**TÍTULO**
*Chico Xavier: o voo da garça*

**AUTORIA**
Jhon Harley

**EDIÇÃO**
1.ª edição

**EDITORA**
InterVidas [Catanduva, SP]

**ISBN**
978 85 60960 36 1

**PÁGINAS**
336

**TAMANHO MIOLO**
15,5 x 22,5 cm

**TAMANHO CAPA**
15,7 × 22,5 × 1,7 cm [orelhas 9 cm]

**CAPA**
Ary Dourado

**REVISÃO VINHA DE LUZ**
Célia Maria de Oliveira Soares

**PROJETO GRÁFICO
& DIAGRAMAÇÃO**
Ary Dourado

**TIPOGRAFIA CAPA**
(Fontfabric) Intro Rust H2
[Base, Base 2 Line]
(TypeTogether) Adelle
[SemiBold, SemilBold Italic]

**TIPOGRAFIA TEXTO PRINCIPAL**
(TypeTogether)
Adelle Regular 11/15

**TIPOGRAFIA EPÍGRAFE**
(TypeTogether)
Adelle SemiBold Italic 9,5/13

**TIPOGRAFIA CITAÇÃO**
(TypeTogether)
Adelle SemiBold 9,5/15

**TIPOGRAFIA VERSO**
(TypeTogether)
Adelle SemiBold Italic 9,5/15

**TIPOGRAFIA TÍTULO**
(Fontfabric) Intro Rust H2
Base 2 Line [28/32, 48/48]

**TIPOGRAFIA INTERTÍTULO**
(Fontfabric) Intro Rust H2
[Base, Base 2 Line] [12; 14]/15

**TIPOGRAFIA NOTA DE RODAPÉ**
(TypeTogether)
Adelle Regular 9,5/13

**TIPOGRAFIA BIBLIOGRAFIA**
(TypeTogether)
Adelle Regular 10/13

**TIPOGRAFIA OLHO**
(Fontfabric)
Intro Rust H2 Base 2 Line 14/18

**TIPOGRAFIA LEGENDA**
(TypeTogether)
Adelle Bold 9/13

**TIPOGRAFIA NOTA LATERAL**
(TypeTogether)
Adelle SemiBold 9/12

**TIPOGRAFIA DADOS & COLOFÃO**
(TypeTogether)
Adelle SemiBold 9/11

**TIPOGRAFIA FÓLIO**
(TypeTogether)
Adelle Bold 10/15

**MANCHA**
103,3 x163 mm 29 linhas
[sem fólio]

**MARGENS**
17,2 : 25 : 34,4 : 37,5 mm
[interna : superior : externa : inferior]

**COMPOSIÇÃO**
Adobe InDesign CC 19.5
[macOS Sonoma 14.5]

**PAPEL MIOLO**
ofsete Sylvamo Chambril Book
75 g/m²

**PAPEL CAPA**
cartão Ningbo C1S 250 g/m²

**CORES MIOLO**
1 × 1: Pantone 3551 U

**CORES CAPA**
4 × 1: CMYK × Pantone 3551 U

**TINTA MIOLO**
Sun Chemical SunLit Diamond

**TINTA CAPA**
Sun Chemical SunLit Diamond

**PRÉ-IMPRESSÃO CTP**
Kodak Trendsetter 800 Platesetter

**PROVAS MIOLO**
Epson SureColor P6000

**PROVAS CAPA**
Epson SureColor P6000

**IMPRESSÃO**
processo ofsete

**IMPRESSÃO MIOLO**
Komori Lithrone S40P
Komori Lithrone LS40
Heidelberg Speedmaster SM 102-2

**IMPRESSÃO CAPA**
Heidelberg Speedmaster XL 75

**ACABAMENTO MIOLO**
cadernos de 32 e 16 pp.,
costurados e colados

**ACABAMENTO CAPA**
brochura com orelhas,
laminação BOPP fosco,
verniz UV brilho com reserva

**PRÉ-IMPRESSOR E IMPRESSOR**
Gráfica Santa Marta
[São Bernardo do Campo, SP]

**TIRAGEM**
2,5 mil exemplares

**TIRAGEM ACUMULADA**
9,5 mil exemplares

**PRODUÇÃO**
setembro de 2024

**InterVidas**

|| viva além! »

 intervidas.com   intervidas   editoraintervidas